国家科学技术学术著作出版基金资助出版

资源国国家风险

——理论、评估方法与实证

李建平　孙晓蕾　何　琬　著
王　琛　汤　铃　徐伟宣

科学出版社
北　京

内 容 简 介

本书以海外油气资源利用为研究背景,将影响油气贸易和海外投资的重要因素——国家风险引入海外油气资源利用风险的分析框架中,构建了油气资源国国家风险理论,并在海外油气资源利用的实际问题中对其理论进行了扩展。本书主要包括四个方面的研究内容:国家风险的基础理论研究、油气资源国国家风险的理论构建、基于国家风险的油气资源利用的理论扩展和政策建议。

本书适合从事能源安全与国家风险领域研究的高校教师、研究生、科研人员及相关机构的决策者及工作者阅读。

图书在版编目(CIP)数据

资源国国家风险:理论、评估方法与实证/李建平等著.—北京:科学出版社,2014

ISBN 978-7-03-041045-0

Ⅰ.①资… Ⅱ.①李… Ⅲ.①石油工业-经济发展-研究-世界
Ⅳ.①F416.22

中国版本图书馆 CIP 数据核字(2014)第 127179 号

责任编辑:徐 倩 / 责任校对:邹慧卿
责任印制:阎 磊 / 封面设计:无极书装

科学出版社 出版
北京东黄城根北街 16 号
邮政编码:100717
http://www.sciencep.com

中国科学院印刷厂 印刷
科学出版社发行 各地新华书店经销

*

2014 年 7 月第 一 版 开本:720×1000 B5
2014 年 7 月第一次印刷 印张:11 1/2
字数:226 000

定价:68.00 元
(如有印装质量问题,我社负责调换)

前　　言

　　中国石油的海外获取方式主要是通过国际贸易，在国际贸易现货买卖的基础上，加大对石油勘探开发行业的跨国投资力度，而无论贸易还是投资的过程都必然存在许多风险。在当前的情势下，我国的能源安全，主要体现为海外油气资源利用（油气贸易和海外投资）安全，而制约我国能源安全的油气资源国国家风险已是无法回避的关键风险。

　　世界能源格局伴随着石油价格波动不断演进，国际石油市场逐步呈现石油资源政治化、石油外交军事化、石油产品金融化发展的趋势。受地缘政治、金融危机、基金炒作、石油资源国有化和地区局势动荡等因素影响，油气资源国家复杂的社会政治关系和日益严峻的安全形势使我国石油企业的海外贸易与投资遇到了前所未有的挑战。这些来自油气资源国的宏观层面的政治、经济、金融、社会等的风险，可以概括为该国家的国家风险。加强对油气资源国国家风险状况的监测评估，对于保障我国海外石油贸易与投资的安全具有极其重要的理论价值与现实指导意义。

　　在能源安全与供给风险研究领域，油气资源国的国家风险逐渐被纳入到能源供给安全的分析框架中。在传统国家风险基础上，油气资源国国家风险更多地包含了油气资源作为战略性物资的特有属性，是在特定条件下影响油气需求国获得可靠、充足油气资源供给的来自油气资源国国家层面风险。考虑到石油不可再生的战略属性，油气需求国在未找到新的可替代的经济性能源之前，对现有能源资源的争夺将愈演愈烈，油气资源国的国家风险状况将更大程度地直接或间接影响到油气需求国的能源安全态势。因此，深入剖析并掌握油气资源国的国家风险特征及演化规律，也就成为油气需求国制定能源安全战略的重中之重。

　　与国内已出版的与国家风险主题相关的书籍相比较，本书的主要特色是：在对国家风险相关研究进行梳理的基础上，将国家风险引入到海外油气资源利用风险分析研究中，构建了油气资源国国家风险理论，并在海外油气资源利用的实际问题中对该理论进行了扩展。

　　首先，本书从国家风险概念的演变、存在的争议和发展趋势入手，总结对比世界主流评级机构的国家风险指标体系与模型方法，在传统国家风险理解的基础上，界定油气资源国的国家风险概念，对世界主要石油出口地区和国家的风险概况进行分析，并实现对主要油气资源国国家风险的评价与短期预测。其次，从石油贸易的角度，构建了考虑国家风险极端事件的石油进口组合多目标规划模型和引入国家风险的石油进口多元化指数模型，从海外投资的角度，构建国家风险约束下的海外油气投资合作模式博弈模型，分析了契约式与股权式进入的国家风险防范策略。最后，从中国油气资源的海外开发利用现状出发，从宏观和微观两个视角提出了国家风险管理的政策思考和防范策略。

本书的研究得到了国家"十一五"科技支撑计划项目"国外矿产资源开发利用风险评价与战略选区研究"（2006BAB08B00）和国家自然科学基金项目"海外油气投资区位选择中资源国国家风险动态演化特征研究"（71003091）的资助，部分成果也受到中国科学院青年创新促进会、中国科学院科技政策与管理科学研究所重大研究任务的资助，在此，作者表示最衷心的感谢！同时还要特别感谢国家科学技术学术著作出版基金的资助。没有以上支持，就没有本书的研究成果。

作者于 2006 年开始着手研究资源国国家风险问题，先后得到了魏一鸣教授、范英研究员、于景元研究员、蔡晨研究员、汪寿阳研究员、杨晓光研究员等多位前辈和专家的鼓励、指导、支持和无私的帮助。在此，向他们表示衷心感激和崇高敬意！资源国国家风险研究的成果已经发表在 *Computers and Operations Research*、*Energy*、*Energy Policy*、*Economic Modelling*、*Computers & Industrial Engineering*、*Journal of Multi-Criteria Decision Analysis*、《中国科学院院刊》等国内外学术期刊或国际会议论文集上。限于本书的篇幅，未能将所有的研究成果都纳入本书中。在研究过程中，除本书作者外，杨玉英和姚晓阳同学为本书的统稿与校对进行了大量的工作，课题组的蔡晨研究员和陈建明研究员，以及宋浩、李铭禄、吴登生、李刚、施武江、朱晓谦等同学参与了本书部分章节的研究、讨论和校对工作。本书是课题组集体智慧的结晶，在此向他们一并表示感谢！

本书由李建平总体设计、策划、组织和统稿。其中，第一章主要由李建平、徐伟宣完成，第二章主要由李建平、孙晓蕾完成，第三章主要由王琛、孙晓蕾完成，第四章主要由李建平、孙晓蕾、何琬完成，第五章和第六章主要由李建平、何琬、孙晓蕾完成，第七章主要由汤铃、李建平完成，第八章主要由孙晓蕾、李建平完成，第九章主要由何琬、王琛完成，第十章主要由李建平、王琛完成，第十一章主要由何琬、王琛完成。需要说明的是，本书主体研究工作于 2006～2009 年完成，这也是部分章节仍采用 2007 年或 2008 年数据的原因所在。

特别感谢本书所引用文献的所有作者，并向国内外学术同行及业内人士致以深深的敬意。没有他们所展现出来的智慧，本书的写作将无法完成。另外，尽管我们始终注意参考文献的列举和标注，但难免有遗漏，在此向那些可能被遗漏的文献作者表示歉意，请您与我们联系，以便将来有机会弥补。感谢科学出版社的马跃先生，正是由于他的帮助和鼓励，本书才得以出版。限于我们的知识修养和学术水平，本书肯定存在不足之处，恳请读者批评指正！

　　我们期望通过本书涉及的相关研究工作，能够进一步在国家风险视角下重新审视当前我国的海外油气投资与贸易的风险暴露，识别并评估对我国重要的油气资源国家或地区的风险状况，形成针对我国海外油气利用策略指导性的政策建议，以规避风险，为提升我国能源安全态势略尽绵薄之力。

李建平

2014 年 3 月于中关村

目　　录

第一章 引　言

随着我国经济快速发展，石油进口依存度持续攀升，同时与其他国家的油气贸易摩擦也日益频繁。为了确保石油供应安全，建立多元化的石油供给体系，我国政府积极与世界各油气资源国开展能源外交。然而，受地缘政治、金融危机、基金炒作、油气资源国有化和地区局势动荡等因素影响，油气贸易与投资的安全性产生了极大的变数，油气资源国国家复杂的社会政治关系和日益严峻的安全形势使我国能源企业的海外贸易与投资遇到了前所未有的挑战。这些来自油气资源国的宏观层面的政治、经济、金融、社会等风险，可以概括为该国家的国家风险。因此，加强对油气资源国的国家风险状况的监测评估，对保障我国海外油气利用安全具有极其重要的理论价值与现实指导意义。

第一节　我国海外油气资源利用的"内忧外患"

从 1973 年第四次中东战争引发的第一次石油危机到 1979～1980 年伊朗伊斯兰革命引发的石油危机，国际市场上的原油价格上升了近 10 倍。理论上讲，自那时起世界上几乎所有的发达国家都开始致力于减少对石油的依赖。然而被人们称为"黑色黄金""工业的血液"和经济增长的"发动机"的石油至今仍是最主要的能源品种（Sébille-Lopez，2006）。

20 世纪后期，以中国和印度为代表的新兴经济体对石油的需求迅速增长，同期油气资源国趋于严格控制产量，加上国际投机商的影响，国际原油价格在小幅震荡中一路飙升。伴随世界各国经济实力和军事实力的变化，新的世界能源地缘政治关系逐渐形成，新一轮能源争夺战已然拉开序幕。我国于 1959 年在黑龙江大庆钻出第一口油井，原油产量于 2011 年年底已达到了 203 600 万吨，但是这仍不能满足我国经济增长对原油的巨大需求。可以说在"内忧外患"的状况下，能否获得安全、充足的石油资源，将是影响我国能源供应安全的关键问题。

何为"内忧"？中国是世界上最早发现和使用石油的国家，《易经》"泽中有火"是最早关于石油的纪录，距今已有三千多年的历史。根据《BP 世界能源统计年鉴》中的数据，截至 2011 年年底，中国的石油探明储量约为 14 700 百万桶，位列世界第 13 位。而中国的石油年消费量从改革开放初期不到 10 000 万吨已经迅速飙升至 40 000 万吨以上，紧随美国之后排在了世界第二。同时，中国石油生产量已无法满足如此庞大的消费量。1993 年起，中国就成为了石油净进口国家。到 2011 年，中国石油进口量突破 25 400 万吨，全年原油净进口量达到

25 126.24 万吨，成品油净进口量达到 1480.71 万吨，燃料油净进口量增至
1441.11 万吨。中国石油进口依存度（石油净进口量占国内石油消费量的比例），
在 2001 年只有 30%，2008 年首次达到 52%，2011 年已接近 60%（图 1-1），这
使得我国的石油供应存在巨大风险。

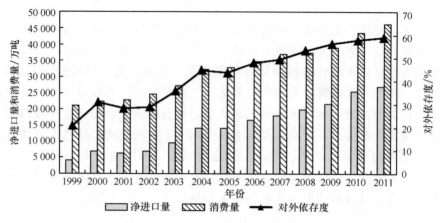

图 1-1　中国石油净进口量、消费量及石油对外依存度

　　何为"外患"？作为一种重要的、全球性的战略资源，油气资源分布的不均
衡及其对国民经济的深刻影响决定了油气贸易在世界经济中的重要地位。随着全
球能源需求的快速增长，油气贸易从 20 世纪 80 年代后期迅速活跃起来，到 2008
年全世界油气贸易量达到 54 626 千桶/日；世界油气贸易量占总产量的比例高达
66.6%。2008 年，金融危机引发的全球经济衰退致使世界石油消费量减少，并
直接导致世界油气贸易总量出现继 2001 年以来的首次下降。壳牌公司首席执行
长傅赛警告说，石油行业投资不足将使未来全球经济好转之际出现严重的石油供
应危机；全球石油投资已经减少了 20%，显而易见，如果这种趋势持续下去，
在未来石油需求回升之际将出现严重的供应危机。与此同时，世界主要石油消费
地区消费量与产量差距也在不断扩大，石油消费国对油气资源国的依赖程度也日
益加深，消费国面临石油供应中断的风险也在不断增加。未来，这种地区间的供
需不平衡及可能出现的供应不足必将促使世界油气贸易活动更快速的发展（徐海
丰，2009）。

　　目前，国际油气贸易包括原油和成品油贸易。原油是主要的贸易产品，占总
交易量的 75% 以上。中国政府从 1988 年开始将石油的国际贸易作为解决国内资
源不足的一个重要战略。1993 年以前石油进口以亚太地区为主要来源，特别是
印度尼西亚、马来西亚、越南等国；到 1993 年，中国成为了石油净进口国家，
中东地区石油进口首次超过了亚太地区；再到 1996 年，中国原油进口首次突破
2000 万吨大关，成为了原油净进口国家。这一阶段中国不仅加大了对非洲地区

油气资源国的石油进口，更是开始从拉美地区大量购买石油。现如今，以 2011 年原油进口数据为例，中国从世界上各大洲 40 多个国家进口了 25 377.95 万吨原油，其中对非洲地区的原油进口依存度[①]达到了 23.7%，对中东地区的原油进口依存度上升到了 51.5% 左右。

在能源结构调整进程中，中国对石油进口依赖度不断提高，进出口逆差不断扩大，原油进口多元化趋势明显，油气贸易摩擦日益频繁。20 世纪 90 年代中期至今，"走出去"渐渐成为国内能源大企业共同的战略选择。中国海洋石油总公司（简称中海油）收购印度尼西亚油田和澳大利亚西北大陆架天然气项目权益，中国石油天然气集团公司（简称中石油）收购哈萨克斯坦石油公司，中国海外油气投资区域不断扩大，作业量不断增长；通过海外投资，国内油气企业从建点、获得风险勘探区块合同等简单合作方式发展到目前的投资建厂、收购、兼并、股权置换、境外上市和建立战略合作联盟等方式，这标志着中国对外投资迈入国际通行的跨国投资行为。但许多迹象表明，我国企业海外石油投资项目触及国际商务的复杂性和国家风险，或者背离了商业规律，或者忽视了国际上的"游戏规则"，对于可能遇到的各种不确定因素远没有成竹在胸。事实上，中日俄石油管线"安大线"走势之争，中海油收购美国"优尼科"公司失败等事件都为中国能源企业海外投资敲响了警钟，国家风险已是海外油气投资无法回避的重要风险源。

第二节　无法回避的油气资源国国家风险

石油需求占全球能源需求的 1/3 以上，是经济增长的主要动力之一。根据对世界石油剩余探明储量和待探明石油储量的分析，未来 20 年世界石油资源增长主要来源于中东、俄罗斯—中亚、南美、北非四个地区。再加上油气资源的不可替代性，其稳定供应已经成为维持一国经济社会发展至关重要的风险因素。伴随着国际石油市场竞争的日趋激烈，各国间政治、经济利益频繁发生碰撞，典型的如中日俄的"安大线"之争等。中国作为世界第二大石油消费国，油气资源已经成为中国经济高速增长的引擎，其安全已经成为关系我国经济社会稳定发展的国家大事。中国来自政治经济不稳定的中东、非洲地区的石油进口份额高达 50%，这使得中国以石油为核心的能源供应安全变得更为不确定。

2007 年 6 月，美国"次贷危机"事件发生之后，引发了美元贬值、能源与粮食价格暴涨，全球经济尤其是发展中家经济受到了很大冲击。油价的不稳定根源于市场的波动，更深层次的原因在于世界能源格局的变动。克劳（2004）指出："事实上，不确定性是整个石油史和石油经济的核心。石油公司无论在处理

---

①　该地区进口原油占原油进口总量的份额。

搭建内部机构布局问题、设计他们与市场的关系，还是建立新的合约机制时，他们的策略一直以来都在致力于降低这种不确定性。"因此，认识风险并控制风险给石油经济造成的损失成为世界能源投资领域中的一项突出任务。

世界能源格局伴随着石油价格波动不断演进，国际石油市场逐步呈现石油资源政治化、石油外交军事化、石油产品金融化的发展趋势，海外投资环境发生了巨大变化。油气资源国分布集中的非洲—中东地区，这些地区往往国家风险、地缘政治活跃且不稳定。仅 2007 年以来，在尼日利亚就发生了数起中国员工遭绑架事件。此外，随着投资利益的扩大，东道国政府对外资企业实行征用、没收或国有化的风险加大。例如，2002 年 12 月俄罗斯斯拉夫石油公司拍卖案中，西伯利亚石油公司和阿尔法集团两大寡头操纵舆论和国家杜马立法迫使中石油退出，从而以 18.6 亿美元获得了这个估价超过 30 亿美元的公司。再如，2006 年委内瑞拉修改风险服务协议和所得税法，致使中国公司在该国的利益受到损失等，都是国家风险的体现。

随着社会和经济的发展，资源国国家风险的诱发因素在增加，国家风险不仅是东道国政府驱赶投资者的直接行为，而且呈现出越来越独特的表现特征，包括客观性、复杂性、潜伏性、相对性及损失和收益的二重性。新的风险信号不断出现，如为争夺石油和天然气等战略资源引发的地缘冲突、民族主义情绪高涨导致的政府政策左转、地方武装冲突、次级债风波、高油价、贸易保护主义等。

国家风险分析与管理在海外油气投资决策中的地位越来越重要，由国家风险引起的海外油气投资环境的改变，对企业的影响往往是深层次的，而且企业依靠自身的力量往往无法改变或扭转。投资环境的改变一般表现为三种形式及后果：一是矛盾冲突激发国家风险后，资源国或者地区处于持续的动荡与不稳定之中，其结果必然导致当地的治安、交通、通信等基本生产经营所必需的条件得不到保证，从而使跨国企业陷入完全无法正常运转的恶劣处境；二是完全对立利益的一方完全掌控政权，其结果必然是资源国政权的政策及利益导向发生重大改变，很可能使外商投资原先享受的各种优惠条件顷刻失去，甚至还有可能由于利益的变化，新政权对海外投资采取歧视及打击的政策以扶植与新政权利益相关联的油气公司投资发展；三是资源国政府重新制定产业政策，整个投资环境发生重大变革，使跨国企业一时难以适从，从而给企业带来巨大的损失。

有求于人，难免受制于人。中国石油的海外获取方式主要通过国际贸易形式，并在国际贸易现货买卖的基础上，对石油勘探开发行业加大实施跨国投资，而无论贸易还是投资的过程必然存在许多风险。在当前的情势下，对于我国的能源安全问题来说，主要体现为海外油气资源利用（油气贸易和海外投资）安全，而制约我国能源安全的油气资源国国家风险已是无法回避的关键风险。

第三节　油气资源国国家风险界定

一、国家风险概念与外延

迄今为止，还没有统一的国家风险概念。主要原因是，国家风险是一个涉及政治、经济、社会、文化、国际关系、自然环境和突发事件等十分复杂的范畴；不同的国际政治经济活动，需要分析、评估的国家风险也有异；影响国家风险的因素也十分易变，而且新的影响国家风险的不安定因素在不断增加。李福胜（2006）对国家风险解释进行了总结。

（1）国家风险是指相对国内交易而在国际商业活动中面临的各种风险。当一个企业进行国际化运营时，它会面临具有不同风险和不确定性的新环境，国家风险涵盖所有这些潜在困难的具体因素，包括政治风险、社会风险、宏观经济风险和微观经济风险（Bouchet et al. ，2003）。

（2）最宽泛地来看，国家风险可以被定义在一个国家之内因宏观经济和/或政治事件引致的潜在的财物损失。更为精准的国家风险定义，可以将国家风险划分为主权风险（sovereign risk）和转移风险（transfer risk）和较为宽泛的一般国家风险（generalized country risk ）（Calverley，1985）。

（3）国家风险是由于他国的一个实体（政府、公共和私人机构）进行放贷（以本币而非外币）而产生的在一个国家之内的损失暴露（expose to loss）。主权风险是国家风险的主要方面，它涉及政府及其机构偿还贷款的支付能力和满足国际银行偿债要求的措施（Goldberg and Haendel，1987）。

（4）国家风险源于国别政治和经济形势变化导致的外国暴露（foreign expose）价值的变化，包括转移风险和其他国家风险。其中，转移风险包括货币和资本自由流动的限制、汇回投资者国内的限制；其他国家风险包括由政治经济因素导致的价值变化，这些因素包括与国别相关的流动性、市场和关联性风险[①]。

（5）国家风险是指由于非正常风险以外的原因，一国的主权借款人可能无力或可能不愿意，以及该国的其他借款人不能履行全部放贷发生的对外义务。一国的借款人不能履行对外义务的因素可能是多种多样的，这就使国家风险变成一个难以精确定义的概念。在借款国内，从官方措施或重大社会政治变革到自然灾害或世界经济萧条或石油价格上涨之类的全球现象引发的外来冲击等基本不可预见的事件，都是国家风险。

（6）国家风险是一个主权国家或主权借款人及其他借款人不能或不愿意履行外国贷款人和投资人的债务的可能性。国家风险包括政治风险（political risk）

---

① 瑞士银行家协会：《国家风险管理指南》。

和转移风险（Krayenbuehl，1985）。国家风险是暴露至损失的风险，这种风险是由特定国家的某种事件导致的，是由政府行为造成的而不是私人企业和个人造成的，包括政府不能履行债务的主权风险和政府限制资金转移的转移风险（Claessens and Embrechts，2002）。

更为官方的国家风险概念，是由经济合作与发展组织（Organization for Economil Cooperation and Development，OECD）在关于国际贸易和信贷的"君子协定"① 中给出的。它认为，国家风险包含五个基本要素：由债务人的政府或政府机构发出的停止付款的命令、政治经济事件引资的贷款被制止转移或延迟转移、法律导致的资金不能兑换成为国际通用货币或兑换后不足以达到还款日应该有的金额、任何其他来自外国政府组织的还款措施、不可抗力（包括战争和内战、没收、革命、骚乱、民变、飓风、洪水、地震、火山喷发、潮浪和核事故等）②。

如上所述，国家风险这一概念，并没有公认或统一的定义。根本原因在于其性质的复杂性以及引致国家风险的因素的易变性。一般来说，国家风险有广义和狭义之分。

广义的国家风险是指在这个国家或因为与这个国家有关联而发生的各种风险（损失或损害的可能性）。这种风险可以是政治上的损害，也可以是经济上的损失和损害。广义的国家风险从活动主体（如投资者）来看，可以是外国的国家风险（跨国投资和交易时），也可以是本国的国家风险（在国内投资和交易时）。

狭义的国家风险是指因为国家的某种特定政治、社会、经济、金融、自然环境和突发事件等因素引致的经济利益损失的可能性。它是一个国家的经济活动主体在国际业务中涉及的外国的国家风险。这些经济活动主体包括商品和服务出口商、跨国投资企业、开办任何国际业务的银行、在国外承包工程的承包公司和劳务人员等。

在不同的学者和研究机构对于国家风险给出的诸多定义中，可以看出，这些定义的一个共同点在于都说明了国家风险的起因来自政府机构而非企业或个人，另外不同的定义给出了国家风险涉及范围的不同理解。但是这些定义的风险损失事件的范围都是跨国贷款的过程，通常都是对于债务违约的具体原因要素的描述。然而，国家风险的研究不应该局限在对于债务违约的研究中，在国际贸易和投资等领域中同样涉及了由政府机构而非私人的种种行为引起的贸易或者投资的利益损失。

一个比较宽泛和完整的定义是：国家风险，通常是指一个国家的经济活动主

---

① OECD：《关于官方支持的出口信用准则的约定》，它只是供参加的成员国遵循的一个准则，并非国际法律，故俗称"君子协定"。

② OECD：《关于官方支持的出口信用准则的约定》，2004 年最新修订版本。

体在国际业务中涉及的外国的风险。所有的商业交易都有一定程度的风险，当进行跨国商业交易时，会遇到一些不同于国内交易的风险，这是不同国家之间在经济结构、政策、社会制度以及地理位置等多方面的差异造成的。而国家风险的研究就是试图识别这些风险给期望收益带来损失的可能（Bouchet et al.，2003；Meldrum，2000）。

二、油气资源国国家风险

油气资源国国家风险，与传统意义上的国家风险既有联系又有区别。油气资源国是指其油气资源储藏极其丰富并具备一定的（或潜在的）对外输出能力的国家。油气资源国国家风险在传统的国家风险定义下，更多地包含了油气资源战略性物资的特有属性，考察了在特定条件下影响我国以合理价格获得稳定可靠石油资源的、与油气资源国密切相关的各种国家层面的风险因素。在分析油气资源国的国家风险时，主要是为油气企业的海外投资、并购和跨国经营提供风险评估依据以及为油气进口布局提供风险决策依据，故而本书侧重从狭义的国家风险视角出发，将油气资源国国家风险定义为："由油气资源国的某种特定的政治、社会、经济、金融、突发事件等国家层面因素而导致的油气企业经济利益损失的可能性，以及油气进口国油气进口中断的可能性。"

由于能源开发与贸易在现代经济社会中的重要性，国际上出现了专业能源投资评估机构。PFC 能源咨询公司为用户提供行业环境、市场与国家战略、地缘政治、经济与风险、石油与天然气发展战略等顾问咨询服务。学术界，Kendell（1998）、Neumann（2003）都探寻了如何建立一套针对油气资源国风险评估指标。在具体国家的区位选择上，探讨了瑞士的石油投资决策制定问题并分别从内部和外部约束条件入手，对政府能源规划、石油上游产业、海外企业发展以及国际环境变化等方面进行分析，为日本未来 20 年的石油进口提供建议。

本书试图在对国家风险相关研究进行梳理的基础上，在国家风险视角下重新审视当前我国的海外油气投资与贸易的风险暴露，并从提升我国能源安全态势的根本主旨出发，识别并评估对我国而言重要的油气资源国家或地区的风险状况，从而规避风险，形成针对我国的油气进口策略指导性的政策建议。

第四节 本书的研究内容与结构安排

本书以海外油气资源利用为研究背景，将影响油气贸易和海外投资的重要因素——国家风险引入到能源安全研究中，构建了油气资源国国家风险理论，并在海外油气资源利用的实际问题中对其理论进行了扩展。其研究内容逻辑结构，如图 1-2 所示。

本书共有 11 章研究内容，其中第一章为引言，其他章节划分为四个方面的

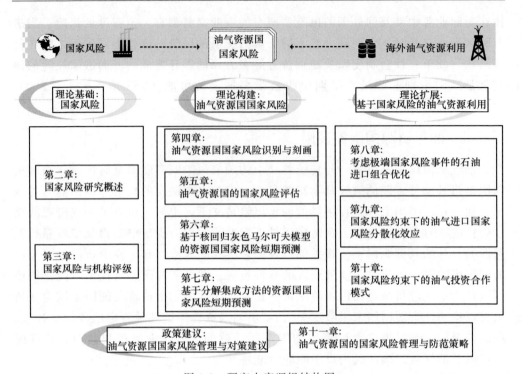

图 1-2　研究内容逻辑结构图

研究内容：国家风险的理论基础研究、油气资源国国家风险的理论构建、基于国家风险的油气资源利用的理论扩展，以及政策建议。具体的内容逻辑和结构安排如下。

第一章：引言。着重介绍了我国油气资源海外利用的"内忧外患"的现状，提出了本书的研究问题——油气资源国国家风险，并对本书的研究内容与结构安排进行简要介绍。

第二章至第十一章的研究内容主要划分为如下四部分。

（1）理论基础：国家风险。作为油气资源国国家风险的研究基础，本书将首先对传统国家风险理论进行相关研究，从学术研究和现行机构评级两方面出发，全面梳理并总结了国家风险评估模型，并对比了世界主流评级机构的国家风险指标体系的异同点。该部分内容主要包括第二章与第三章。

第二章：国家风险研究概述。着重梳理了国家风险的研究发展脉络，大致经历了以国家债务违约风险为主要内容、以国家风险评级为主要内容以及以海外投资国国家风险为主要内容的三大阶段，并对传统的国家风险度量模型进行了总结。

第三章：国家风险与机构评级。研究着眼于更加全面的国家风险评价，基于6家评级机构的8个评价体系的指标以及数据，从总量风险和要素风险两个角度对国家风险评级结果和指标体系进行对比分析，深化了对评价指标体系的理解，拓展了对风险类型及其构成的认识。

（2）理论构建：油气资源国国家风险。在传统国家风险理解的基础上，结合海外油气资源利用的研究背景及能源安全研究，本书将建立油气资源国国家风险研究理论，对油气资源国国家风险进行要素识别与刻画，构建油气资源国国家风险评估模型与短期预测模型，并实现对主要油气资源国国家风险的评价与预测。该部分内容主要包括第四章至第七章。

第四章：油气资源国国家风险识别与刻画。首先从石油资源、油气投资环境、对外合作和油气贸易情况等方面对主要油气资源国进行概况介绍，并对其国家风险要素加以识别；在此基础上，构建刻画油气资源国国家风险的基础性指标库，进一步地，分别从油气企业海外投资视角和国家能源安全视角对国家风险指标进行遴选，形成目标导向型指标列表。

第五章：油气资源国的国家风险评估。根据石油储量、产量、出口量等因素综合选取 36 个油气资源国作为目标国家，运用判别分析、Logit 模型、支持向量机、主成分分析等多种方法基于定量指标评估这些国家的国家风险。通过与 ICRG 国家风险评级结果比较，最终选择主成分与支持向量机（support vector machine，SVM）结合的混合模型方法，引入石油资源风险指标，对 36 个油气资源国的国家风险进行评级，并最终将这 36 个国家分成 3 个风险类别。

第六章：基于核回归灰色马尔可夫模型的资源国国家风险短期预测。首先对目前国家风险预测方法进行总结分析，提出基于国家风险得分序列本身的预测思想，试图简化预测的难度和工作量。选择灰色模型、灰色马尔可夫模型对我国主要的 6 个石油进口来源国的国家风险得分（country risk ratings，CRR）进行预测。在此基础上，针对国家风险得分的特点，改进灰色马尔可夫模型，将核回归方法用于灰色马尔可夫模型，起到平滑残差列的作用，并比较了各种模型对于下一期、下三期、下半年、下一年 4 个阶段的预测效果，实证结果表明核回归灰色马尔可夫模型具有较高的国家风险预测精度。

第七章：基于分解集成方法的资源国国家风险短期预测。鉴于国家风险受多属性因素影响，包括各种突发事件，呈现明显的复杂系统所具有的特征，如不确定性、非线性、突变性和不稳定性。一些传统的预测方法很难对其进行较准确的预测。对此，本章引入针对复杂系统的有效分析方法，即分解集成预测方法，实现国家风险时间序列短期预测的研究创新。分解集成预测方法主要包括 3 个主要步骤：时序分解、模态预测与集成预测。以全球重要的 10 个石油输出国或者生产国作为研究对象，实证研究表明，基于"先分解后集成"思想的分解集成预测方法，在国家风险的短期预测中，显著优于常用的单模型，有效地提高了预测精度。

（3）理论扩展：基于国家风险的油气资源利用。本书将油气资源国国家风险的理论引入海外油气资源利用的实际问题中，从石油贸易角度，分别构建极端国家风险事件下石油进口组合优化模型和国家风险约束下的海外油气进口分散化评估模型；从投资的角度构建国家风险约束下的海外油气投资合作模式博弈模型，试图实现理论与实际问题相结合的理论扩展。该部分内容主要包括第八章至第十章。

第八章：考虑极端国家风险事件的石油进口组合优化。该部分内容主要分为两部分，第一部分主要是分析国家风险与特定极端事件之间的关系，具体包括极端事件对国家风险的影响检验和影响评价。在 2000～2002 年巴以冲突存续期间，对中东地区国家风险序列结构断点检测发现，极端事件的发生的确会对国家风险有影响，并且这种影响可能使国家风险得分变动达到 6%。第二部分是通过引入国家风险影响因子，模拟不同情境下国家风险变动对石油进口组合的影响。研究发现，当中东地区国家风险因极端事件提高 1% 时，我国从中东地区进口的石油份额将大幅下降，而从中南美和东南非地区的石油进口份额会大幅增加，即当中东地区发生了极端事件，我国可通过增加从中南美和东南非地区的石油进口来实现新的石油进口最优组合。

第九章：国家风险约束下的油气进口国家风险分散化效应。首先总结目前世界主要的石油进口国家和地区的石油贸易投资现状，并刻画石油进口量与出口量、石油进口量与各来源国的国家风险的相互关系。进而将各油气资源国的国家风险引入到多元化指数中来，并加入对于来自不同地区的油气资源国的差异性度量，形成新的国家风险约束下的石油进口国家风险多元化指数，并且分析比较中、美、日世界三大超级石油进口大国的多元化指数和其他主要石油进口国家风险多元化指数。

第十章：国家风险约束下的油气投资合作模式。从投资模式角度看，各种投资方式在国家风险防范中各有其特点。通过构建国家风险约束下的海外油气投资合作模式博弈模型，分析了契约式进入与股权式进入的国家风险防范。结果表明：国家风险股权投资的影响较之非股权投资方式更为敏感。如果无论控制权在东道国还是跨国企业手中都可以创造利润并且风险性较小的话，那么招标合作往往更有效率而且可行度更高，这种方式可以保证外国投资者足够多的剩余利润。但是，如果跨国企业经营项目的效率更高，项目风险较大，或者外国投资者的外部选择更优，那么股权投资将成为首选投资模式。此外，我们也证明了联合经营可能会使得东道国与外国投资者双方共同受益，独资公司易激发东道国的民族排外情绪，从而可能产生较大的投资风险。股权式合资相对独资而言可以充分利用东道国的资源和劳动力优势，并可以享受到东道国的多重投资优惠待遇，能较好地分散投资风险。

（4）政策建议：油气资源国国家风险管理与对策建议。从我国油气资源海外开发利用现状出发，本书将从宏观视角上针对国家风险管理提出相关的政策思考和实施策略，并从微观视角上针对我国海外油气资源贸易与投资提出相关政策建议。该部分内容主要包括第十一章。

第十一章：油气资源国的国家风险管理与防范策略。首先对六大地区的油气资源国国家风险类别现状进行分析，其次针对如何防范石油贸易与投资过程中遇到的国家风险进行讨论，以提出相关政策建议。进一步地，从中国油气资源海外开发利用现状出发，从宏观和微观两个视角提出国家风险管理的政策思考和实施策略。从宏观视角看，拓展为投资者提供信息咨询服务的渠道、建立海外投资保证制度是主要的风险防范手段，我国政府可以从政治风险管理框架、政策调整、例外条框等方面加以改善，为我国企业海外投资建立一个稳定的政治环境。从微观视角看，我国企业在国外投资时可以从目标定位、区位选择、投资方式选择等方面规避海外国家风险。

第二章 国家风险研究概述

国家风险是油气资源国国家风险的理论基础,因此本章首先对国家风险的相关研究进行概述,着重梳理国家风险的研究发展脉络,总结国家风险的度量模型与评价指标体系。国家风险的研究始于 20 世纪 70 年代,主要集中于国外,可分为两大类,一类是定性分析,另一类是定量分析。前者主要集中于影响国家风险的因素的定性分析;而后者先后经历了两个阶段,第一阶段是运用传统的数学模型、统计模型或计量模型对影响国家风险的因素进行定量分析,第二阶段是开发或借鉴新的数学模型改进国家风险评价方法。从研究侧重点来看,国家风险的定量研究大致经历了三个阶段:以国家债务违约风险为主要内容的国家风险研究,以国家风险评级为主要内容的国家风险研究,以及以海外投资国国家风险为主要内容的国家风险研究。本章第一节至第三节将对此分别进行详细探讨。

第一节 以国家债务违约风险为主要内容的国家风险研究

早期的国家风险定量研究主要是针对发展中国家债务违约风险的研究。20世纪 70 年代,世界先后经历了两次石油危机和经济衰退,许多非发展中国家面临严重的债务危机,纷纷进行债务重组谈判,债务国的债务违约风险成为了国家风险研究重点。对发展中国家债务违约风险的研究,早期集中在影响债务违约风险因素的识别(表 2-1)。20 世纪 90 年代,国家债务违约风险的研究重点转为风险评估模型的开发。

表 2-1 以债务违约风险为主要内容的国家风险研究

模型	研究者
判别式模型	Frank 和 Cline(1971);Sargen(1977);Taffler 和 Abassi(1984)
Logit 模型	Feder 和 Just(1977);Mayo 和 Barrett(1977);Feder 等(1981);Cline(1983);Morgan(1986)
Probit 模型	Kharas(1984);Rahnama-Moghadam 等(1991)
Tobit 模型	Timur(2001)
神经网络模型	Cooper(1999);Yim 和 Mitchell(2005)
联合预测模型	Mascarenhas 和 Sand(1989)
多目标规划模型	Doumpos 等(2001)
其他研究	Eaton 和 Gersovitz(1981);Edwards(1984)

最早进行债务违约风险量化研究的是 Frank 和 Cline（1971），他们尝试使用判别式模型对影响发展中国家的债务风险的因素进行分析。Sargen（1977）、Taffler 和 Abassi（1984）也分别使用判别式模型研究不同因素对债务偿付能力的影响。他们均发现债务偿付率是影响最显著的因素。

Feder 和 Just（1977）最早使用 Logit 模型对债务风险进行了研究。Mayo 和 Barrett（1977）运用美国进出口银行的数据对 48 个国家的债务分析也验证了这一模型。在先前研究的基础上，Feder 等（1981）扩充数据集对债务风险因素识别进行了深入研究。Cline（1983）将影响债务重组的因素分为需求和供给两个方面，Morgan（1986）将影响债务风险的因素分为供给、需求和外部冲击三类，分别使用 Logit 模型对影响债务风险的因素进行了研究。他们的研究发现债务与出口之比、储备与进口之比对债务风险有很强的解释能力。Kharas（1984）和 Rahnama-Moghadam 等（1991）使用 Probit 模型、Timur（2001）使用 Tobit 模型对影响债务违约的风险因素进行了研究。

神经网络模型最先被 Cosset 和 Roy（1991）引入到国家债务风险评级中。之后，Cooper（1999）、Yim 和 Mitchell（2005）均使用神经网络模型及改进的神经网络模型，并对比判别式模型（discriminant model）、Logit 模型、Probit 模型，发现神经网络模型对国家债务风险有很好的判别效果。此外，Mascarenhas 和 Sand（1989）使用联合预测模型，Doumpos 等（2001）使用多目标规划模型，都对国家风险评估进行了研究，判别效果也都有一定的改进。债务风险主要是由经济因素引起的，因此在上述国家债务违约风险的研究中，主要分析经济因素对债务偿付风险的影响，几乎没有讨论政治因素。在所讨论的经济变量中，反映债务负担与偿付能力的债务偿付率和债务与出口之比，对债务风险影响最显著且反复被使用、论证。其次是储备与进口之比、国内生产总值（GDP）增长率或人均 GDP 等。

第二节　以国家风险评级为主要内容的国家风险研究

全球主要的评级机构有 S&P、Moody、ICRG、Institution Investor、Euromoney、Economist Intelligence Unit 等，对各个国家进行综合风险评级，但主要是针对信用风险的评级。随着机构评级的出现，学者们开始以这些评级结果作为国家整体风险的替代变量对其进行研究。这一阶段，大家开始关注政治因素对国家风险的影响。最早的研究是 Feder 和 Uy（1985）对 Institution Investor 评级的分析。他们使用判别式模型，并首次加入了"政治混乱"的 0-1 变量，发现该因素显著。Brewer 和 Rivoli（1990）也使用判别式模型，并对政治因素进行了更加细致的讨论。他们使用的政治变量包括三类：政治制度的更替、政权的合法性、战争冲突，其中仅有政治制度的更替这一变量对国家风险影响显著。Lee（1993）、Cantor 和 Packer（1996）、Haque 等（1996，1997）都使用判别式模型对机构评级进行了研究，发现经济因素更能解释机构对国家风险的评级。

除了判别式模型外，常用的还有 Logit 模型等。上述判别式模型研究中，大部分学者都对机构的评级结果进行了 logistic 转换处理。Cosset 和 Roy（1991）在分析 Euromoney 和 Institutional Investor 的国家风险的评级中使用了 Logit 模型，研究发现政治变量并不显著。Cooper（1999）运用了统计方法——聚类分析（cluster analysis）对国家风险进行分析。对比判别式方法，发现聚类分析的正确率较高。Johnson 等（1990）针对评级机构使用的信息判断系统过于主观、存在偏见等问题，介绍了一种评定主权国债务评级的判断模型——基于层次分析法（analytic hierarchy process，AHP）的判断模型。Hammer 等（2006）提出了一种学习型的模型——数据逻辑分析（logical analysis of data，LAD）模型。van Gestel 等（2006）构建了一个内部风险评级系统。

对国家风险评级的研究，大多都讨论了政治因素，但很多因素没有纳入国家风险的定量分析中，主要原因是政治因素难以量化。

第三节　以海外投资国国家风险为主要内容的国家风险研究

20 世纪以来，海外投资的增多使得海外投资国的国家风险逐步成为研究热点。对外投资包括三类：借款、资产投资和境外直接投资。借款风险，即前面讨论的主权国家债务违约风险。后两者，即资产投资和境外直接投资是研究较多的。目前，大部分研究的重点主要是海外投资国的系统性风险。

Gangemi 等（2000）运用 CAMP 模型对澳大利亚的国家风险进行了分析，通过建立 Beta 系数与澳大利亚宏观经济变量之间的关系，发现众多变量中仅有贸易加权汇率与澳大利亚的国家 Beta 系数有关系。Nordal（2001）也用 CAMP 模型对海外直接投资风险进行了研究，通过构建实物期权模型来讨论对外投资风险。Verma 和 Soydemir（2006）对拉美国家的国家风险分析也使用了 Beta 系数，研究发现，货币供给、汇率等国内因素，以及七国集团的实际利率和通货膨胀率等国际因素对 Beta 系数有显著影响。这些因素对墨西哥的影响最显著，其次是巴西和智利。

针对以往的国家风险评估模型不能对风险进行实时评估，Oshiro 和 Saruwatari（2005）通过扩展的 BS 期权定价模型，采用股票价格指数作为资产价值的替代建立了对国家风险的实时评估。通过对阿根廷和泰国发生经济危机的可能性的分析，发现阿根廷在发生危机前的 4 个月违约概率就从之前稳定的 10%～15%迅速上升至发生危机时的 28%，而泰国的违约概率早在 1996 年就开始上升，在发生危机的 1998 年达到峰值。该模型是一个对风险早期预警的模型。此外，Alfaro 和 Kanczuk（2005）运用了博弈论的方法来分析国家信用风险。

围绕外来直接投资（foreign direct investment，FDI），Habib 和 Zurawicki

（2001）认为一国的贪污程度对于 FDI 流入有负相关关系，而东道国的对外开放程度和政治稳定度有助于减弱贪污影响。Egger 和 Winner（2005）则得出相反结论，认为贪污对 FDI 流入有着正向的刺激作用。Busse 和 Hefeker（2007）利用 83 个发展中国家的面板数据，发现所考察的 6 个政治风险指标对外来投资具有显著性影响。Cuadra 和 Sapriza（2008）构建了基于执政党和投资方的博弈模型，动态分析了国家政治进程的不确定性对主权债违约、利率波动的影响。

第四节　能源安全中的国家风险

对于能源消费国而言，持续稳定的能源供给（尤其是石油和天然气）是促进经济进步的必要保证（Correlje and van der Linde，2006）；不断攀升的能源进口依赖使得能源的供应安全成为能源安全的核心问题。一些学者认为在研究石油进口国的进口依存度风险的时候，油气输出国的出口风险对进口国的影响也是应该考虑进来的因素，这一思想在针对能源供给风险的研究中得以沿用（von Hirschhausen and Neumann，2003；Gupta，2008；Gnansounou，2008）。油气输出国的国家风险逐渐被纳入能源供给安全的分析框架中来。

Frondel 等（2009）基于统计风险指标和实证数据分析了从 1978～2007 年 G7 国家的能源安全状况，并指出在此期间德国的能源供应风险持续上升，而法国的能源供给风险则控制在一个较低水平。Gupta（2008）在研究石油进口国家的进口风险时，虽然重点从市场风险和供应风险出发，但是仍将供应国的政治风险等作为主要的参数进行分析。Costantini 等（2007）通过一系列的情景分析比较了不同情况下的石油进口国的主要风险和负面影响，在石油、天然气的主要历史观测数据的基础上，对供应方的政治稳定性、发展中国家的能源需求、价格波动等可能导致共谋的风险因素进行了分析；研究表明，长期而言，对于石油进口国家，主要的潜在风险是出口国之间出于工业化依赖程度的增加、供需失衡风险考虑而达成的共谋联盟局面的出现。周凤起（2005）认为即使不操纵石油供应，自然灾害和内乱等原因也可能导致石油供应危机，并指出应该从节油、加强国内油气资源勘探、开展石油资源的国际化经营等多方面着手保障我国的石油供应安全。Sun 等（2009）权衡了在中国石油进口组合中，苏联地区相比中东地区的风险收益特征。He 等（2009）考虑了资源国国家风险及其相关性，扩展了 HHI 指数，度量了中国石油进口风险暴露。

在研究石油贸易风险的同时，国内外学者也从多个角度研究了海外投资对石油资源国发展的问题和石油企业海外投资的风险。对于能源企业海外投资而言，东道国资源禀赋是区位选择的首要前提，然而拥有禀赋优势的资源国很多地处战乱频繁、制度不完善或者政治经济状况不稳定的地区。Bayulgen（2005）从石油资源与民主进程的角度对苏联地区国家的外商投资进行了分析，认为制度是外国投资者与东道国政府权力平衡的作用机制，发展中国家的独裁政权较之国家民主化更有利于吸引能源投资。通过对海湾六国 1980～2002 年面板数据分析发现，石油相对产量、贸易开放度、基础设施发展和外商投资正相关，石油价格、劳动力价格和外商投资负相关。舒先林（2005）认为中国三大石油公司海外石油投资面临着政治、技术和经济等方面的风险。海外投资的风险既与外部环境因素有关，又与企业内部条件相连，因此政府和企业必须共同努力，采取多方对策，有效规避海外石油投资风险。童生和成金华（2005）认为中国石油公司走出国门的时间还很短，跨国经营的经验不足，面对国际市场复杂多变的政治形势，规避政治风险成为首要而紧迫的任务。他们分析了中国石油公司跨国经营面临的政治风险，并从战略性地选择进入地区、安排合理的股权结构和提高跨国管理水平三个方面探讨了风险规避措施。李岩和田泽（2007）从我国政府和石油企业两个层面，提出建立石油企业跨国经营的保障机制，构建石油企业海外投资的政策支持体系，加强政治风险的评估、识别和预警管理，实施本地化战略等措施，应对跨国经营风险。常城和李慧（2008）定性研究了中国石油企业在跨国经营中面临的政治风险，他们认为政治风险主要是：石油资源引发的地区战争与军事冲突将长期存在；富集石油资源的国家往往政局动荡、纷争不断；东道国不连续的政策法规，加大了海外投资的风险变数。

何琬等（2009a）对中国原油进口贸易的波动情况进行了深入研究与分析；并基于企业海外投资角度识别相互影响产油国国家风险的主要因素，对国家风险进行了量化评估。围绕资源国国家风险波动特征，Li 等（2009）以哈萨克斯坦和俄罗斯为例，度量了两国间国家风险的动态相关性。李建平等（2010）利用 ICRG 综合国家风险数据，对中国主要石油进口来源国的国家风险进行了短期预测。汤铃等（2012）利用经验模态分解方法对国家风险进行了多尺度特征分析。

通过上述对现有石油贸易或者投资过程中的风险研究的分析，可以看出无论定性还是定量的研究，除去市场和运输等风险因素外，针对石油资源国本身对于石油贸易与投资风险的影响更多的是从资源国的地缘、政治风险及资源禀赋等因素去考虑，而对于资源国的政治风险、经济风险、金融风险等要素风险的影响很少涉及，并且缺乏对影响石油贸易与投资来自资源国本身的诸多系统风险的综合评判。然而，无论政治风险、社会风险、文化风险还是经济风险无疑都属于国家风险的研究范畴。

第五节　传统国家风险度量模型

在分析和评估国家风险时，可以通过文字报告形式的定性描述对国家风险进行全方位的分析，如中国出口信用保险公司采用结构式报告，对全球各国进行风险分析，报告包括国家基本信息、政治状况、经济形势、投资状况、双边关系、总体风险评估 6 个部分；也可以通过打分卡的方法给出国家风险评级，但不同机构的评价内容及分类原则有较大差异。

此外，在国家风险评估的定量研究中，所采用的模型主要包括：判别分析、Logit/Probit 模型、回归分析、主成分分析以及一些非参数和非线性的方法，如人工神经网络（artificial neural network）、SVM 等。这些模型和方法被广泛用于各类国家风险的研究评估中，为国家风险的评估测评提供了科学、可信的依据。

一、判别分析

判别分析因为其可以识别个体所属类别而在国家风险评估中有着广泛的应用。国家风险评估的结果往往要求将风险划分为类，以区别不同等级的国家。这时被解释变量为属性变量，而当被解释变量是属性变量而解释变量是度量变量时，判别分析就是较合适的统计分析方法之一。判别式函数模型是比较流行的贷款重组预测模型。例如，在国际信贷和贸易融资中，根据借款国所具有的几种财务和经济状况指标，来判断它属于可能违约拖欠类国家还是属于资信良好的国家，以帮助贷款人确定信贷政策。

判别分析需要满足三个假设：一是每一个解释变量不能是其他解释变量的线性组合；二是各组变量的协方差矩阵相等；三是各判别变量之间具有多元正态分布，即每个变量对于所有其他变量的固定值有正态分布。虽然不满足假设会出现判断不准确、参数显著性降低等问题，但是现实中的数据常常难以满足所有的假设条件从而达到教科书式的结果，只能尽量做到满足要求。

常用的 Fisher 判别分析的思想是投影，将预先凭经验分好的 k 组 p 维数据投影到某一个方向，使得它们的投影，组与组之间尽可能地分开。设从 n 个总体的 k 组 p 维观察值为

$$
\begin{cases}
G_1: x_1^{(1)}, \cdots, x_{n_1}^{(1)} \\
\qquad \cdots\cdots \\
G_k: x_1^{(k)}, \cdots, x_{n_k}^{(k)}
\end{cases}
\tag{2-1}
$$

其中，$n = n_1 + \cdots + n_k$。令 $\boldsymbol{a}$ 为 R^p 中的任一向量，$u(\boldsymbol{x}) = \boldsymbol{a}'\boldsymbol{x}$ 为 $\boldsymbol{x}$ 向以 $\boldsymbol{a}$ 为法线方向的投影，这时，上述数据的投影为

$$
\begin{cases}
G_1: \boldsymbol{a}'x_1^{(1)}, \cdots, \boldsymbol{a}'x_{n_1}^{(1)} \\
\qquad \cdots\cdots \\
G_k: \boldsymbol{a}'x_1^{(k)}, \cdots, \boldsymbol{a}'x_{n_k}^{(k)}
\end{cases}
\tag{2-2}
$$

它正好组成一元方差分析的数据，其组间平方和为

$$
\mathrm{SSG} = \sum_{i=1}^{k} n_i (\boldsymbol{a}'\bar{\boldsymbol{x}}^{(i)} - \boldsymbol{a}'\bar{\boldsymbol{x}})^2 = \boldsymbol{a}' \left[\sum_{i=1}^{k} n_i (\bar{\boldsymbol{x}}^{(i)} - \bar{\boldsymbol{x}})(\bar{\boldsymbol{x}}^{(i)} - \bar{\boldsymbol{x}})' \right] \boldsymbol{a} = \boldsymbol{a}'\boldsymbol{B}\boldsymbol{a}
$$

$$
\tag{2-3}
$$

其中，$B = \sum_{i=1}^{k} n_i (\bar{x}^{(i)} - \bar{x})(\bar{x}^{(i)} - \bar{x})'$；$\bar{x}^{(i)}$ 和 $\bar{x}$ 分别为第 i 组均值和总均值向量。组内平方和为

$$\text{SSE} = \sum_{i=1}^{k} \sum_{j=1}^{n_i} (a' x_j^{(i)} - a' \bar{x}^{(i)})^2$$

$$= a' \left[\sum_{i=1}^{k} \sum_{j=1}^{n_i} (x_j^{(i)} - \bar{x}^{(i)})(x_j^{(i)} - \bar{x}^{(i)})' \right] a = a' E a \qquad (2\text{-}4)$$

其中，$E = \sum_{i=1}^{k} \sum_{j=1}^{n_i} (x_j^{(i)} - \bar{x}^{(i)})(x_j^{(i)} - \bar{x}^{(i)})'$。如果 k 组均值有显著差异，则 $F = \dfrac{\text{SSG}/(k-1)}{\text{SSE}/(n-k)} = \dfrac{(n-k)}{(k-1)} \dfrac{a' B a}{a' E a}$ 应充分地大，或者 $\Delta(a) = \dfrac{a' B a}{a' E a}$ 应充分地大。所以我们可以求 a，使得 $\Delta(a)$ 达到最大。由矩阵知识，我们知道 $\Delta(a)$ 的极大值为 λ_1，它是 $B - \lambda E$ 的最大特征根，$L_1, \cdots, L_r$ 为相应的特征向量，当 $a = L_1$ 时，可使 $\Delta(a)$ 达到最大。所以 Fisher 准则下的线性判别函数 $u(x) = a'x$ 的解 a 为矩阵 $B - \lambda E$ 的最大特征根 λ_1 所对应的特征向量 L_1。在得到判别函数后，利用判别得分判断原来预设的分组是否正确。

二、Logit 模型

Logit 模型被用来分析、预测和评估事物发展的规律，该方法被用于评估国家风险是由 Feder 和 Just 于 1977 年最早使用的。Lee（1993）、Balkan（1992）、Marashaden（1997）等运用 Logit 模型对主权债务风险进行了实证研究，采用实际 GDP 增长率、外债、汇率等指标，并运用非线性变量的 Logit 模型对国家风险进行了研究。

通常我们想知道在一个国家投资或是进行贸易或是跨国放贷，这种活动的利益遭到损失的可能性是多少，即概率是多少；或者想知道一个国家的国家风险很高的概率有多大，并且这个概率的大小与哪些因素有关，直接处理概率值 p 存在困难。因为 $p \in [0, 1]$，所以 p 与解释变量的关系难以用线性模型来描述。当 p 接近于 0 或 1 时，p 值的微小变化用普通的方法难以发现和处理好。那么这时，不直接处理 p，转而处理 p 的一个严格单调函数 $Q = Q(p)$，就会方便得多。但是这也要求 $Q(p)$ 对 $p = 0$ 或者 $p = 1$ 附近的微小变化很敏感。于是令

$$Q = \ln \frac{p}{1-p} \qquad (2\text{-}5)$$

这种将 p 换成 Q 的变换就称为 Logit 变换，从 Logit 变换可以看出，当 p 从 $0 \to 1$ 时，Q 的值从 $-\infty \to +\infty$，因此 Q 的值在区间 $(-\infty, +\infty)$ 上变化，这就克服了上述两点困难，在数据处理上带来很多方便。如果自变量的关系式是线性的、二次的或多项式的，通过普通的最小二乘法就可以处理，然后从 p 与 Q 的反

函数关系式中求出 p 与自变量的关系。例如，$Q = b'x$，则有 $p = \dfrac{e^{b'x}}{1 + e^{b'x}}$，这就是 Logit 变换所带来的方便。

　　Logit 回归不同于一般回归分析的地方在于它直接预测出了事件发生的概率。估计 Logit 回归模型与估计多元回归模型的方法是不同的。多元回归采用最小二乘法估计，将解释变量的真实值与预测值差异的平方和最小化。而 Logit 变换的非线性特征使得在估计模型的时候采用极大似然估计的迭代方法，找到系数的"最可能"的估计。这样在计算整个模型拟合度的时候，就采用似然值而不是离差平方和。Logit 回归可以预测出事件发生或者不发生的概率，如果预测概率大于 0.5，则说明事件发生，反之则不发生。这样，可以快速地判断一件事件是否发生了。

三、主成分分析

　　主成分分析在数学上是一种降维处理技术，可以简化对复杂的国家风险问题的分析研究，如我们可以在众多的宏观金融指标体系中，归纳出国家风险的金融风险因素。刘毅和申洪（2002）对中国的金融自由化指标进行了罗列，包括利率市场化程度、贷款自主权、市场准入、金融机构产权多元化、国家外汇储备管理、业务范围自由度、资本自由度、社会融资的市场化程度、金融调控间接化程度等[①]。Cantor 和 Pacher（1996）利用 49 个国家的横截面数据，使用了 8 个宏观经济变量回归拟合了标准普尔和穆迪主权风险评级。

　　在研究现实问题时，一方面人们为了避免遗漏重要的信息而考虑尽可能多的指标，而另一方面考虑的各指标均是对同一事物的反映，不可避免地造成信息的大量重叠，这种信息的重叠有时甚至会抹杀事物的真正特征与内在规律。主成分分析正是利用降维的思想，在损失少量信息的前提下把多个指标转化为几个综合指标的多元统计方法。通常把转化生成的综合指标称为主成分，其中每个主成分都是原始变量的线性组合，且各个主成分之间互不相关，这就使得主成分比原始变量具有某些更优越的性能。这样在研究复杂问题时就可以只考虑少数几个主成分而不至于损失太多信息，从而更容易抓住主要矛盾，揭示事物内部变量之间的规律性，同时使问题得到简化，提高分析效率。

　　主成分分析的一般做法如下：对某一事物的研究涉及 n 个指标，分别用 X_1，X_2，$\cdots$，X_n 表示，这 n 个指标构成的 n 维随机向量为 $X = (X_1, X_2, \cdots, X_n)'$。设随机向量 X 的均值为 u，协方差矩阵为 Σ。对 X 进行线性变换，可以形成新的综合变量，用 Y 表示，也就是说，新的综合变量可以由原来的变量线性表

---

　　① 该文献利用主成分分析法对我国的金融自由化进行了计量分析研究，得到了两个主成分的特征值以及两者的贡献率。其中，主成分一的贡献率为 76.5%；主成分二的贡献率为 91.7%。

示，公式为

$$\begin{cases} Y_1 = u_{11}X_1 + u_{12}X_2 + \cdots + u_{1n}X_n \\ Y_2 = u_{21}X_1 + u_{22}X_2 + \cdots + u_{2n}X_n \\ \quad\quad\quad \cdots\cdots \\ Y_n = u_{n1}X_1 + u_{n2}X_2 + \cdots + u_{nn}X_n \end{cases} \tag{2-6}$$

线性变换约束满足下列原则。

(1)$u'_i u_i = 1$，即 $u_{i1}^2 + u_{i2}^2 + \cdots + u_{in}^2 = 1$，$i = 1, 2, \cdots, n$。

(2)Y_i 与 Y_j 相互无关，$i \neq j$，$i, j = 1, 2, \cdots, n$。

(3)Y_1 是 $X_1, X_2, \cdots, X_n$ 的一切满足原则(1)的线性组合中方差最大者；Y_2 是与 Y_1 不相关的 $X_1, X_2, \cdots, X_n$ 所有线性组合中方差最大者；Y_n 是与 Y_1，$Y_2, \cdots, Y_{n-1}$ 都不相关的 $X_1, X_2, \cdots, X_n$ 的所有线性组合中方差最大者。

基于以上三条原则决定的综合变量 $Y_1, Y_2, \cdots, Y_n$ 分别称为原始变量的第 1、第 2、…，第 n 个主成分。其中，各综合变量在总方差中占的比重依次递减，在实际研究工作中，通常只挑选前几个方差最大的主成分，从而达到简化系统结构，抓住问题实质的目的。主成分分析在国家风险的研究中有两种形式：一种是作为中间步骤，对众多的指标提取主成分，进而用主成分参与运算；另一种是在提取的主成分的基础上，判断哪一类的指标对研究问题更具重要性。

四、人工神经网络

神经网络的概念源自生物学，指的是生物神经元相互连接构成的网络。人工神经网络，通常也称为神经网络，是由人工神经元与连接这些神经元的边组成的网络，是统计数据建模的工具，可以对输入数据与输出数据之间有着复杂关系的情况进行建模（Haykin，1994；Duda et al.，2000）。

迄今为止，研究人员已经提出了多种类型的神经网络，从最早的感知器到多层感知器（又称 BP 或 Back Propagation）网络、自组织网络和 Hopfield 网络等。其中，BP 网络在数据分类中有着广泛的应用，在国家风险研究中，可以度量个体所属的风险类别。BP 网络是前馈网络，由输入层、一个或多个隐藏层与一个输出层组成。含有一个隐藏层的 BP 网络对应的判别函数为

$$g(x) = f\left(\sum_{j=1}^{n_H} w_{kj} f\left(\sum_{i=1}^{n} w_{ji} x_i + w_{j0} \right) + w_{k0} \right) \tag{2-7}$$

其中，x 为 n 维的输入数据；x_i 为 x 的分量；n_H 为隐藏层神经元的个数；w_{ji} 为输入层到隐藏层的边上的权值；w_{kj} 为隐藏层到输出层的边上的权值；w_{j0} 与 w_{k0} 为对应神经元的偏置；f 为神经元激活函数，通常采用连续可微的 Sigmoid 函数（如 Logistic 函数或双曲正切函数），并通过 BP 算法调整各条边的权值，从而对数据进行建模。

　　神经网络的优点在于表达能力强，根据 Kolmogorov 定理（Duda et al.，2000），只要隐藏层单元足够多，任何从输入到输出的连续映射函数都可以用一个三层网络（一个隐藏层）来实现，特别地，任何后验概率都可以用一个三层网络表示。神经网络也有一些缺点，主要是参数比较多，需要根据具体问题设计网络的结构，参数初始值的设定需要较多的经验与实验调整。

五、SVM

　　SVM 是一组有监督的机器学习方法，在数据分类与回归分析中有着广泛的应用。SVM 在对数据分类时，选择的最优分类面不但能把数据正确分开，而且能使分类间隔最大化。

　　对于二分类的情况，给定一组训练样本 $\{(x_i, d_i)\}_{i=1}^N$，SVM 的对偶问题可以表示为以下的二次规划：

$$\max Q(\alpha) = \sum_{i=1}^N \alpha_i - \frac{1}{2} \sum_{i=1}^N \sum_{j=1}^N \alpha_i \alpha_j d_i d_j x_i^\mathrm{T} x_j$$

$$\text{s. t.} \quad \sum_{i=1}^N \alpha_i d_i = 0,\ 0 \leqslant \alpha_i \leqslant C \tag{2-8}$$

其中，C 为一个正的调整常数。SVM 是一个二次规划问题，因此它有全局最优解。SVM 是线性分类算法，在数据线性不可分时，需要利用从输入空间到特征空间的非线性变换，把数据映射到更高维空间，从而变的线性可分。而且，SVM 通过引入内积核（kernel）的概念，无需显式地考虑特征空间。根据 Mercer 条件：对任意对称连续函数 $K(x, x')$，存在映射 Φ 满足

$$K(x, x') = \sum_i \Phi(x)_i \Phi(x')_i \tag{2-9}$$

当且仅当 $\int g(x)^2 \mathrm{d}x$ 是有限的，从而 $\int K(x, x') g(x) g(x') \mathrm{d}x \mathrm{d}x' > 0$。

引入核函数之后，SVM 二次规划的目标函数变为

$$Q(\alpha) = \sum_{i=1}^N \alpha_i - \frac{1}{2} \sum_{i=1}^N \sum_{j=1}^N \alpha_i \alpha_j d_i d_j K(x_i, x_j) \tag{2-10}$$

　　约束条件保持不变。常用的核函数有线性函数 $K(x_i, x_j) = x_i^\mathrm{T} x_j$、多项式函数 $K(x_i, x_j) = (1 + x_i^\mathrm{T} x_j)^d$ 和径向基函数 $K(x_i, x_j) = \exp(- \|x_i - x_j\|^2 / \sigma^2)$。

　　目前，研究人员已经提出了用于多分类问题和回归分析的 SVM，这推广了 SVM 方法的应用。SVM 的一个显著优势在于它有深厚的理论支持，是基于结构风险最小化的机器学习算法，而且在实际使用中有着参数比较少，很容易根据问题调节参数的优点。

六、资产定价模型

通过界定一个国家的长期政府债券收益率作为无风险回报率，利用资产定价模型，即可衡量不同国家的风险溢价（资本回报）水平。标准普尔、国际金融协会的 S&P/IFCG 指数和摩根斯坦利国际资本公司的 MSCI 指数均提供了投资回报的基准参数。Butler 和 Joaquin（1998）运用此理论提出通过在不同国家之间分散投资以分散某一具体国家的政治风险。基于资本资产定价理论的系统性风险研究，其核心思想是利用 CAPM 模型中的 Beta 系数衡量一个国家的整体系统性风险（Marshall et al.，2009）。CAPM 模型最初是用来衡量一种资产或者一个投资组合的系统性风险，根据风险的大小来优化投资者的资产组合。早期的研究认为 CAPM 中风险资产的 Beta 系数是一个常量（Bos and Newbold，1984），但是通过对 CAPM 模型的测试研究发现 β 值实际是随时间变化的（Fabozzi and Francis，1978；Bollerslev，1988），而且宏观和微观因素的变化都会影响到 β 值的变化，如通货膨胀、汇率、经济环境、未来预期等。Gangemi 等（2000）、Verma 和 Soydemir（2006）采用基于 CAPM 模型的国家 β 值等分别对澳大利亚和拉丁美洲的国家风险进行研究。Brooks 等（2002）和 Marshall 等（2009）分别研究 17 个发达国家和 20 个新兴市场的国家 β 值风险，验证了国家 β 值的时变性。Johansson（2010）利用双变量随机波动模型度量中国、马来西亚、菲律宾和泰国的 β 值的动态变化。上述研究中，国家 β 值的度量是从投资者资产组合优化的角度，利用相对高频的金融数据（如股指收益日数据、周数据）更真实地反映出一个国家系统性风险在某些特殊视点受相关因素影响的变化情况。

第六节　本章小结

20 世纪 70 年代，世界先后经历了两次石油危机和经济衰退，许多发展中国家面临严重的债务危机，纷纷进行债务重组谈判，债务国的债务违约风险成为了国家风险研究重点。随着海外投资的增多，目前海外投资国的国家风险逐步成为研究热点。从研究侧重点来看，国家风险定量研究大致经历了以下三个阶段：以债务国的债务违约风险为主要内容的国家风险研究，以国家风险评级为主要内容的国家风险研究，以及最近对海外投资国国家风险的研究。

早期的国家风险评价模型方法主要服务于对国家风险的因素进行定量分析，并基于分析结果进行预测。这些模型主要包括主成分分析、因子分析（factor analysis）、回归分析、聚类分析、判别式模型、线性概率（linear probability）模型、Logit 模型、Probit 模型和 Tobit 模型等。这一阶段学者们发现总外债规模、债务偿付率、外汇储备占进口比重、债务与出口之比、人均 GDP、实际

GDP 增长率、通货膨胀率、投资倾向等经济因素，以及政治稳定度等政治变量对国家风险有显著影响。20 世纪 90 年代以后，国家风险评价进入评价模型的开发阶段，越来越多的模型被引入到国家风险评价中，主要包括神经网络模型、联合预测模型、多目标规划模型、层次分析法、机器学习模型，以及借鉴金融工程中的 Black-Scholes 模型和 CAMP 模型等。

第三章　国家风险与机构评级

第二章主要对国家风险的已有研究进行了梳理，本章将着重对现行评级机构的国家风险评级指标与方法进行总结归纳，深化对国家风险评级体系的理解，拓展对其风险类型及构成的认识。

在全球金融市场上，主权信用评级主要被标准普尔（S&P's）、穆迪（Moody's）和惠誉（Fitch）三个机构所主导。此外，机构投资者（Institutional Investor）、国际国别风险指南（International Country Risk Guide，ICRG）、国际透明组织（Transparency International，TI）、自由之家（Freedom House）、欧洲货币（Euromoney）、美国传统基金会（Heritage Foundation）等机构也针对国家风险不同侧重点进行风险评级。本章将分别对这些评级机构的国家风险评级指标与方法进行深入探讨，并从总量风险和要素风险（即特定国家风险类型）两个角度对它们的评级结果及指标体系进行对比分析，以此总结国家风险评级的决定因素。

第一节　国家风险评级机构

目前，全球很多机构提供国家风险评级指数，一些著名的评级机构定期对外公布其国家风险评级结果，基本做法可以概括为运用不同的方法把特定国家一系列定性和定量的信息整合为一个单独的指数以反映国家风险的高低。同时，部分评级机构专门针对特定国家风险类型进行评级，如信用风险、经济和汇率风险、金融风险、政治风险和腐败问题等。虽然全球主要的评级机构，如标准普尔、穆迪、ICRG、机构投资者等都定期发布国家风险评级结果，可是绝大多数的评级机构的评级过程可以说是一个"黑箱"的过程（表3-1）。少数评级机构会公开其相当庞杂的评价指标体系，仅有极少几家机构公开了评级方法，我们发现他们的评级都是基于大量专家的判断。即便是最量化的方法，在确定相关性和分配阈值时也是主观评判的。

表 3-1　主要国际评级机构信息汇总

机构	穆迪	标准普尔	欧洲货币	ICRG
风险评级起始年	1914 年	1941 年	1983 年	1984 年
发布频率	年度	年度	半年	月度
目标客户群	证券发行人、特定债务证券	证券发行人	—	—
风险类别数目/个	10	7	10	4

续表

机构		穆迪	标准普尔	欧洲货币	ICRG
风险指标变量数目/个	经济类	55	5	2	13
	金融类	10	5	10	2
	政治类	11	12	11	5
	其他	0	0	3	0
	合计	76	22	26	20
评级符号		AAA to C	AAA to C	1~100	0~100

一、标准普尔为代表的主权信用评级

在全球金融市场上标准普尔、穆迪、惠誉被称为信用风险评级业的三大巨头，其主要目的是评估主权偿债能力和履行义务的意愿。在评级的符号或者说评级级别方面，略有不同，但大体上是一致的。下文以标准普尔和穆迪两家机构为代表，对其评级体系进行说明。此外，对类似的国家信用评级机构——机构投资者的评级体系进行简要介绍。

（一）标准普尔

标准普尔的主权评级始于 1975 年，采取了定性检验和定量检验相结合的方法。政治发展和政策演变构成了定性评估的核心，经济和金融绩效的各种测量值则是定量评估的核心。标准普尔将其分析因素分为如下类别：政治风险、收入和经济结构、经济增长展望、财政的机动性、公共债务负担、价格稳定性、国际收支平衡、外部债务和流动性。此外，还突出了需考虑的其他因素：私人部门的债务、金融部门的实力和它的国际债务的程度以及国际流通手段。其中，国际流通手段是偿债能力的重要指标，通常用相对于进口的外汇储备加持有的黄金来测量，有时也用资本账户和债务来评估，其功能是国际收支平衡陷入困境时的时间缓冲器。

（二）穆迪

穆迪与标准普尔的定义类似，穆迪的长期债务评级是对一个发行者完全及时地偿付本息的能力和意愿的相对风险进行评估，反映出借款人履行义务、偿还债务的金融、法律和政治能力。穆迪把主权评级当成投资考量中国家风险的参考指标；在此之下才定义各国评级（national scale rating），即该国所有有价证券的相对可信度（relative creditworthiness）。穆迪公开的评级方法比标准普尔的结构更为松散，并且更改频率较高，其考察因素可分为三类：①定性因素，包括阶层、种族划分、财富分配、文化和意识形态差异以及利益集团等，主要涉及社会关系结构，评估政治动态时则着重强调对财富形成和经济管理的政治干预程度、过去受压制的行为和政权的合法性；②经济基本面，着重强调经济管理，包括财政货币政策、国家资源和资源开发、出口构成和对进出口部门的结构依赖；③外债，则完全集中于相对于出口和 GDP 的外债，其中债务构成特别是到期债务部分是重要的考虑因素。

（三）机构投资者

1979 年以来，机构投资者根据高级经济学家和风险分析家对国家的信誉程度评价，给出国家信用评级，评级结果通过期刊和公司网站对外发布。机构投资者的国家风险评估与 ICRG 在测量方法上差别很大，它以对国际顶尖银行家的调查问卷为基础。每个银行家根据自己的主观判断对调查表所列国家打分，分值区间为 [0，100]，分数越高，表示该国信用越好，国家风险越低。机构投资者将这些调查得分加权平均，其中国际业务范围越广的银行家，其权重越大。机构投资者的调查列出了国家风险的十大要素：债务状况、银行/金融市场稳定性、国际收支平衡、财政政策、GDP 增长、政治制度、政府管理能力、国家安全、出口状况、多边关系。机构投资者在计算总分时并不是对这十大要素取简单平均值，而是取加权平均值。其权重的计算，需要被调查者先对这十大要素进行排序，再依序取权重值。

二、ICRG

美国的 ICRG 是历史最悠久的国家风险评级之一。其每月发布的评级结果分为经济风险指数、金融风险指数和政治风险指数（表 3-2），并且通过对三种不同风险的加权平均得到综合风险。ICRG 不仅提供当前的风险评级，也给出未来 18 个月和 5 年的预测。其评级结果被称为"其他评级可以参考的标准"。ICRG 的用户包括国际货币基金组织、世界银行、联合国和许多其他国际机构。华尔街日报和各学术机构对 ICRG 的评级的使用，很大程度上说明了其评级结果的可信度。

表 3-2　ICRG 国家风险指数

分类	输入	权重/%	类型	评级输入来源
经济风险指数	人均 GDP	10	定量	基于国家人均本地生产总值，以美元计算
	实际 GDP 年均增长	20	定量	基于 GDP 年均变化率，以 1990 年价格作为基年
	年通货膨胀率	20	定量	基于加权平均消费物价指数的通货膨胀率，并计算百分比变动
	建设余额占本地生产总值的百分比	20	定量	基于政府总预算余额（不包括赠款）除以 GDP 得到的百分率
	经常账占本地生产总值的百分比	30	定量	基于美国经常账的收支平衡（以美元结算）占估计 GDP（美元）的百分比

续表

分类	输入	权重/%	类型	评级输入来源
金融风险指数	总外债占 GDP 的百分比	20	定量	基于外债总值的估计值（以美元结算）占 GDP（以美元结算）的百分比
	外债服务占货物服务出口的百分比	20	定量	基于外债服务的估计值（以美元结算）占出口的商品和服务总值（以美元计算）的百分比
	经常账占货物及服务出口的百分比	30	定量	基于平衡经常账户的收支平衡（以美元结算）占货物及服务出口总值（以美元计算）的百分比
	净国际流动资金中进口支付的月份	10	定量	基于官方储备总量估计值（以美元结算），包括官方持有的黄金，但不包括使用货币基金组织信贷和对外负债的货币当局，除以每月平均商品的进口成本（以美元结算）
	汇率稳定性的百分比变化	20	定量	基于货币对美元升值或者贬值一年变化的比例
政治风险指数	政府稳定性	12	定性	评价政府的执政能力，履行申报程序及执政持续性，并考虑政府和执政党或政党的凝聚力，下次选举连任可能性
	社会经济条件	12	定性	评价公众满意对政府政策的满意度，根据各种变量，如婴儿死亡率、医疗、住房和利息等
	投资概况	12	定性	评价政府对待外来投资的态度，根据各种变量，如操作风险、征税、遣返及人力成本
	内部冲突	12	定性	评价国家政治暴力事件的程度及其对管制的实际或潜在影响
	外部冲突	12	定性	评估对现任政府和外来投资的风险，并考虑贸易限制、禁运和其他会对外国投资产生不利影响的情况
	腐败	6	定性	评价贪污，考虑当局政府执政时间以及任何一党或非民选政府的性质
	军事政治	6	定性	评价军方在政治上的参与程度
	宗教间紧张关系	6	定性	评价宗教紧张局势，考虑社会或政府通过任何宗教组织形成的垄断程度，宗教自由被压制的程度，或任何宗教想要表明自己的身份及从所属国分离的欲望
	法律和秩序	6	定性	"法律"是衡量实力和法律制度的公正，"秩序"是守法的程度
	种族关系紧张	6	定性	评价因为种族、国籍或语言差异所导致的局势紧张，考察群体间不宽容和不妥协的行为的程度
	民主问责制	6	定性	评价政府是否向人民负责，政府是否遵循协商一致的公众的利益
	官僚主义质量	4	定性	评估官僚体系中制度的强度和质量，考察专业知识水平、自主性、政策的改变和行政的一致性

资料来源：http://www.icrgonline.com

三、《欧洲货币》的国家风险指数

《欧洲货币》的国家风险指数衡量的国家风险范畴包括政治风险、经济风险〔其中包括人均国民生产总值（GNP）和《欧洲货币》专家以投票形式对各国经济情况进行评价的结果〕、债务指标（其中包括总债务存量占 GNP 的比例、债务占出口的比例、当前债务余额占 GNP 的比例）、债务违约或重新安排的债务情况、信贷评级、获得银行融资的能力、获得短期融资的能力、进入国际资本市场的能力、没收贴现 9 项内容（表 3-3）。

表 3-3　《欧洲货币》的国家风险指数

输入	权重/%	类型	评级输入来源
政治风险	25	定性	风险分析人员、风险保险经纪和银行信贷人员的评估资料
经济风险	25	定性	《欧洲货币》的全球经济预测
债务指标	10	定量	计算世界银行出口债务服务，经常账差额占 GNP 的比例，以及对外债务占 GNP 的比例
债务违约或重新安排的债务情况	10	定量	计算过去 10 年中偿还债务违约或改期的金额，参照世界银行的债务统计表
信贷评级	10	定量	计算发表在穆迪、标准普尔的平均主权评级
获得银行融资的能力	5	定量	计算私人付款、长期付款、联合国保证贷款占 GNP 的比重
获得短期融资的能力	5	定性	计算在 OECD 的共识群体中的会员数量
进入国际资本市场的能力	5	定性	参考债务和贷款集团总裁的评估，国家开辟国际债券和银团贷款市场的可行性
没收贴现	5	定量	最大没收可能性与没收风险最低国家平均水平的差值

资料来源：http://www.euromoney.com

四、其他机构的要素国家风险评级

（一）自由之家的世界自由指数

自由之家是历史最悠久的风险分析机构，成立于 60 多年前，一直关注有可能威胁到民主与和平的问题。自由之家于 1955 年开始发布世界自由指数（表3-4），这些评级结果广泛被政策制定者、新闻记者和学者所采用。

表 3-4　自由之家的世界自由指数

输入	权重/%	指标类型	评级输入来源
政治权利	50	定性	根据国内外新闻报道、非政府组织的出版物、智库、学术分析以及专家意见清单分析。包括：①选举过程；②政治参与；③政府地位

续表

输入	权重/%	指标类型	评级输入来源
公民权利	50	定性	根据国内外新闻报道、非政府组织的出版物、智库、学术分析以及专家意见清单分析。包括：①言论和信仰自由；②协会和组织的权利；③法治和人权；④个人自主及经济权利

资料来源：http://www.freedomhouse.org

（二）美国传统基金会的经济自由指数

美国传统基金会于 1972 年在华盛顿特区成立，是一个保守的智囊团。该机构倡导"个人自由、自由企业、有限政府、强大的国防和传统美国价值观"。华尔街日报提议以该机构评级结果作为国家入选全球自由贸易协会的依据，并认为该机构的评级结果说明了各国之间繁荣差异之所在。美国传统基金会强调经济自由指数（表 3-5），面向客户为"国际社会"，但并未提到受众是否涉及政府、产业界或学术界。

表 3-5　美国传统基金会的经济自由指数

输入	权重/%	类型	评级输入来源
贸易政策	10	定量	参考平均关税，具体的资料来源包括：经济情报单位报告；国际货币基金组织的政府财政统计；国家贸易壁垒报告；美国国务院、商务部、国家商业指南和国家报告中发布的相关经济贸易政策；世界银行的世界发展指标；世界贸易组织，贸易政策审查；对象国家的政府出版物
政府财政负担	10	定量	参考税率（最高收入税率，边际税率和公司所得税率），以及各级政府的支出（折算成占 GDP 的份额）。具体的税收资料来源包括：安永会计师事务所，全球总裁及世界各地的公司税指南；国际货币基金工作人员的国别报告统计附录；经济学家、国家商业状况、国家概况和国别报告；美国国务院、商务部、国家商业指南；国家政府的官方出版物。关于政府支出的资料来源包括：OECD 数据（会员国）；国际货币基金，政府财政统计年鉴，以及国际货币基金组织成员国报告统计附录；标准普尔主权评级分析；亚洲开发银行，亚太发展中国家的主要指标；非洲开发银行，非洲开发银行统计手册；欧洲重建与发展银行，国家战略；美洲国家间发展银行；美国国务院，商务部；对象国家的政府出版物
政府对经济的干预	10	定量	参考政府消费在 GDP 的比例，政府所有制的企业和产业，分享来自国有企业和政府的财产所有权的政府收入，以及政府经济产出。具体的资料来源包括：国际货币基金组织，政府财政统计年鉴；美国国务院、商务部、国家商业指南和国别报告关于经济政策和贸易的做法；经济学家情报单位，国家报告；世界银行，世界发展指标；国家政府的官方出版物

续表

输入	权重/%	类型	评级输入来源
货币政策	10	定量	参考国家的加权平均年度通货膨胀率（使用过去 10 年的通货膨胀数据，并给予最大的权重，数据越老，权重越小）。使用的信息来源包括：国际货币基金，国际金融统计；国际货币基金，世界经济展望；经济学家情报单位，国家报告
资本流动和国外投资	10	定性	评价对外商投资的政策，其中包括：外国投资法；对外国所有权的限制的业务；对行业和公司开放给外国投资者的限制；对外国公司限制和绩效要求；外资土地所有权；外国和本国公司是否可依法获得平等待遇；外资公司本地融资。信息来源包括：经济学家情报单位、国家商业、国家概况和国家报告；国际货币基金、年度报告的汇率安排和外汇管制；美国贸易代表办公室，全国贸易预测报告关于外国贸易障碍；美国国务院、商务部和国家商业指南；美国国务院、商务部、国家报告中的经济政策和贸易做法；国家政府的官方出版物
银行业和金融业	10	定性	评价如何开放银行和国家金融体系，包括：政府拥有的银行；对有能力的外资银行开设分行及附属机构的限制；政府对信贷分配的影响力；政府规章；提供所有类型金融的自由度。相关资料来源的使用，包括：经济学家情报单位、国家商业、国家概况和国别报告；美国国务院、商务部，国家的国别报告中的经济政策和贸易做法；国家政府的官方出版物
工资和价格	10	定性	考虑政府在多大程度上让市场决定工资和价格，基于：最低工资法；不受政府管制的自由定价权；政府的价格管制，以及在多大程度上政府价格管制被使用；政府补贴会影响物价的商业；政府确定工资的角色。相关资料来源的包括：经济学家情报单位、国家商业、国家概况、国别报告；美国国务院、商务部、国家商业指南；美国国务院国别人权报告的做法；美国国务院、商务部、国家报告中的经济政策和贸易做法
财产权	10	定性	评价在何种程度上的私有产权是被保护的并且按照法律和政府执行，基于：摆脱政府的影响力，司法制度；商业法典界定合同；制裁外国仲裁的合同纠纷；政府征用财产；内部的腐败，司法机构；收到司法判决的延迟；法律赋予和保护私有财产。相关资料来源的使用，包括：经济学家情报单位、国家商业指南和国别人权报告的做法
规则（管制）	10	定性	评价做生意的难易程度，考虑：经营业务的发牌条件；取得业务经营许可证的；内部的腐败，官僚主义；劳动规章制度，如建立了工作周、带薪休假、育儿假和选定的劳动法规；环境，保障消费者的安全和工人的健康法规；强加负担的业务法规。相关资料来源的使用，包括：经济学家情报单位、国家商业和国家报告；美国国务院、商务部、国家商业指南和国别报告对经济政策和贸易的做法；办公室的美国贸易代表、国家贸易报告估计和对外国贸易障碍；国家政府的官方出版物

续表

输入	权重/%	类型	评级输入来源
黑市活动	10	定性	包括：走私、黑市盗版知识产权；农业生产供应，黑市交易；制造业供应黑市；劳动力供应黑市。因为国际腐败认知指数的使用，黑市活动成为首要重点分析。除了透明国际的指数（始于 1995 年），也可以依靠其他来源获得的相关资料，如美国国务院、商务部、国家商业指南和国别报告对经济政策和贸易做法；经济学家情报、国家商业、国家概况、国别报告；办公室的美国贸易代表，全国贸易预测报告，对外国贸易障碍；由美国国务院提供的美国官方政府的电缆，国家贸易数据银行的美国国家贸易数据；国家政府的官方出版物

资料来源：http://www. heritage. org

（三）国际透明组织的全球清廉指数

国际透明组织的总部设在柏林，称自己是世界领先的、非政府组织的反腐败机构。国际透明组织谋求建立国家和全球联盟，以抵御国内和国际的腐败，最终为国际投资确立一个基本框架。国际透明组织广泛宣传全球清廉指数（corruption perceptions index），受到媒体和商界的欢迎（表 3-6)。

表 3-6　国际透明组织的全球清廉指数

输入	权重/%	类型	评级输入来源
相关的具体投入是有限度地逐年变化	100	定性	国际透明国际组织根据随年份变动的风险测度和信息来源，依赖每年具有可获得性和可靠性的数据进行评级。具体数据来源：政治及经济风险顾问公司，亚洲情报问题；华尔街日报，中央和欧洲经济审查以及年度调查；自由之家；管理发展研究所，世界经济论坛全球竞争力报告和非洲竞争力报告；政治风险服务，ICRG；世界银行/巴塞尔大学，世界发展报告中私营部门的调查；经济学家情报单位，国家风险服务和国家预测；"国际工作组"国际犯罪受害者调查

资料来源：http://www. transparency. org/survey/index. html

第二节　机构间国家风险评级相关性

评级机构较多地考察经济基本面因素，其中某些因素被其他因素内部决定，由此引发了一批探寻机构评级决定因素的研究。Cantor 和 Packer（1996）通过 CP 模型检验了 1995 年 9 月 29 日 49 个国家的穆迪和标准普尔评级，发现这两个评级可以被 8 个宏观经济基本指标所预测：人均收入、GDP 增长、通货膨胀、财政平衡、外部平衡、外债、经济发展指标（即该国是否被国际货币基金组织列为工业化国家）和违约史指标（该国自 1970 年以来是否违约过）。考虑到亚洲金融危机事件，Juttner 和 McCarthy（1998）把 CP 模型应用于 1996～1998 年的穆迪和标准普尔评级，发现在 1996～1997 年该模型较好地保持了解释力，但在 1998 年恶化了，即评级存在结构断裂。他们在该模型中引入 5 个新变量：一国和美国相同期限的政府债务之间的利率差、有问题资产对 GDP 的百分比范围、所估计的金融部门或有债务与 GDP 的比率、给私人部门的信贷与 GDP 比率的连续 4 年增长率和实际汇率偏离 1990 年平均值的百分比。通过剔除变量直至仅仅包含显著解释变量为止，模型中 8 个变量只有外部平衡、经济发展和违约史 3 个变量保留，新增加的 5 个变量有问题资产和利差两个进入。尽管评级机构的评级过程是保密的，但是 Cantor 和 Packer（1996）、Juttner 和 McCarthy（1998）这两篇论文有助于揭开它们的神秘面纱。而且，在这里我们也的确从经验上看到国家风险概念是变化的，只是我们并不知道在何时哪些因素变得重要，哪些不再重要。

　　许多在国际市场上很活跃的银行依赖自己的内部评级。巴塞尔协议 II 也鼓励银行使用内部评级。那么，外部评级和内部评级是否一致？Claessens 和 Embrechts（2002）比较了外部评级（穆迪和标准普尔）和内部评级（来自一家国际银行）。他们发现内部评级和穆迪、标准普尔评级强相关，分别为 0.94 和 0.93。他们利用 CP 模型的 8 个变量来比较内部评级和外部评级的决定因素是否一致时发现，如果用近 5 年的违约史替代过去 20 年的违约史，那么两个评级以一致的（虽然不是相同的）方式被决定。为了在统计上比较两组参数值，他们使用了检验两个回归中系数是否相同的 Wald 检验。该检验拒绝了这一假设：人均收入、经济发展、违约史和截距的参数是一样的。尽管如此，他们认为，总的来说，当评估国际贷款中的信用风险时，内部评级和外部评级是类似的测量。此外他们还发现国家政治自由（由自由之家提供的整体自由指数测量）对内部评级有显著影响，它使解释力提高了 4%。在比较评级移动（一年内评级从一个类别变到另一个类别的可能性）时发现，外部评级下调后会相对频繁地进一步下调；但是上调以后，进一步上调的机会和下调的机会一样大。因此，得出结论，评级机构仅是小步调低评级结果。也有一种观点认为，不愿急剧调低评级是因为这些机构害怕诱发金融危机，而国际银行内部评级调整则具有一次到位的特征。

　　传统上，国家风险的评估是以政治、社会、经济、金融这些因素为主要的分析对象，其中政治、社会因素可以统称为政治因素，而经济、金融因素则可以统称为经济因素。对于国家风险的评估，无论缺少哪一方面的因素，结果都是难以让人信服的。目前已有的国家风险评估评级由于目的指向不同，对于指标因素的侧重也有所不同。例如，金融信贷机构的国家风险评估更侧重于金融信用风险因素的衡量，而投资机构则往往侧重于国有化、征收风险等政治社会因素的衡量。

　　国家风险尽管很抽象，但人们可以依赖评级机构的评级进行跨国比较，也就是说，评级给出了各国风险的相对测量。国家风险的测量是一件十分复杂艰巨的工作，它涉及一国政治、经济、文化、外交、国防等方面的问题。因此，对国家风险的评价度量必定以专业队伍或机构的形式出现。在需求的拉动下，国家风险评价度量如今已成为一个巨大的产业，涌现出众多知名的评级机构，如标准普尔、穆迪、机构投资者以及国际国家风险指南等。不同的评级机构会使用不同的指标体系、评分标准和方法，评级的符号和代码也不相同。评级机构一般都会对自己的评级加以说明，便于获得评级资料的使用者参考使用。当多家机构对同一国家评级时，该国得到的相对评级可能不一致。一个自然的问题是，这些机构的评级相关程度如何？

根据 1995 年 10 月的信用评级，Erb 等（1996）发现，标准普尔和穆迪的信用评级以及机构投资者信用风险测量之间有很强的一致性，95％的秩相关。这些评估与 ICRG 的金融评级之间也强相关（90％的秩相关）。对于其他测量值而言，相关程度比较弱。例如，穆迪的信用评估与 ICRG 的经济评级的秩相关仅为 68％。此外 ICRG 还包含着这种信息：它能预测机构投资者的国家信用风险，但反过来不成立。王琛（2008）利用 2007 年数据，发现《欧洲货币》评级与 ICRG 的政治、经济风险评级有着较强的相关度。

第三节　机构评级相关性实证检验

一、研究假说

随着国家风险的不断升温，众多的评级机构涌现出来，并活跃在越来越多的国际报道和新闻媒体中。根据不同的研究目的，国家风险被贴上了不同的标签，既包括一般意义下的总量风险，又有不同类型的要素风险。分析人员把国家风险分类，不同评级侧重于不同的要素风险，如政治风险、经济风险、金融风险、信用风险、经济自由和腐败现象等，目的是不同类型的特定风险会更适合不同产业的特点（Bergner，1982）。例如，贷款机构侧重考虑信用风险；石油公司关心资产国有化可能。但是，对于风险类型和指标的划分与选取，无论是概念上还是应用上，都没有清晰的界定。目前，各个机构使用不同的国家风险评价体系，但少有对评级结果以及风险指标的对比研究。Géczy 等（1997）、Allayannis 和 Weston（2001）都认为不同的国家风险评估指标是有所重叠的；Erb 等（1996）、Claessens 和 Embrechts（2002）、王琛（2008）发现不同机构国家风险评级体系的指标之间存在着极强的相关性，评级结果近似一致。当然这种极强的一致性与不同评级机构对国家风险评级所用的数据来源基本相同或近似有关。

学术研究上，国家风险评级的难点之一在于指标的难以界定，主要原因在于政治、经济、社会环境、法律制度和文化这些概念本身就是抽象的，并且往往相互交叉。这些结果对于现行的国家风险类型和指标体系提出了挑战。Allayannis 和 Weston（2001）、Geczy 等（1997）的研究表明不同类型国家风险的指标有重叠，Erb 等（1996）通过对政治风险、经济风险和金融风险评级的研究发现不同风险评级之间存在相关性。因此，现在的问题是不同的国家风险类型测度是否明确提供了不同的信息，捕捉到了国家风险的不同侧面。

早期的研究中，多使用突发事件记次法来衡量国家风险大小，如 Barro（1991）、Harvey（1993）、Fatehi 和 Hossein（1994）分别用记次法对暴力政权改变、恐怖主义威胁和抗议暴动引发的政治风险进行测算。基于企业跨国业务特点的国家风险相关研究，多通过不同维度度量国家风险，假定总量国家风险由不同的要素风险决定。例如，公司进行投资决策会关注政治风险，金融机构则会更关心国家信用和金融风险。之后，Kim 和 Hwang（1992）、Henisz（2000）等依靠更加多样的信息进行国家风险评估。也有一些文献注意到指标的选取对于国家风险评估结果是极其重要的（Cosset and Roy，1991）。如果输入指标高度相关，就相当于把国家风险复杂化了，而且也为准确测量增加了难度。如果输入指标之间不存在相关性，那么就可以说明不同风险确实存在，即使总量风险结果存在相关性。Miller（1992，1993）、Werner 等（1996）认为风险评级之中，应该包含不同的风险因素。Werner 等（1996）认为"各种风险因素之间不互相关联"，只使用单一的风险评级结果，可能丢失某些特定类型的风险信息。正如 Erkut 和 Bozkaya（1999）解释的那样，数据汇总可以减少问题复杂度，但是可能会导致信息丢失及结果的不正确。此外，指标的输入及权重对于风险分析的结果同样存在重要影响。例如，欧洲货币的国家风险评级输入包括 4 个定性指标和 5 个定量指标，每个指标分配的权重各不相同。各家机构的评级动机不尽相同，有的是为跨国企业提供投资决策咨询服务，有的是从政府政治利益出发考虑问题，也有的是为了增加其投资或金融类出版物的销售量。简而言之，动机有 3 个方面：利润、政策影响力度、现有工作的改进。但是，很少有研究比较过众多机构间的国家风险评级指标和结果的差异与相关性，这主要是因为从众多指标体系中挑出最合理的实在并非易事。

为了进一步明晰本章的研究，做到有的放矢，本章提出两个简单假说：假说一，国家风险总量大小取决于风险构成要素的个数多少；假说二，国家风险评级由不同类型的特性指标决定。

二、数据描述

研究以自由之家、ICRG、机构投资者、欧洲货币、国际透明组织、美国传统基金会这 6 家机构为研究对象，对其所涉及的 8 个评价体系的指标和评级结果进行统计分析，以验证上文所提出的两个假说。

　　通过评级体系相关描述性信息，不难发现不同评级机构使用的数据单位和数据来源不尽相同；指标的侧重领域和性质也有所不同，既有定性指标又有定量指标，而且各家评级结果起始年份和发布频率也不同。自由之家的国家自由评级和ICRG的资料可以追溯到30年以前，ICRG每月更新其评级结果，其他组织公布评级的频率是每年或每两年一次。机构投资者的国家信用评级在1979年发布，欧洲货币的国家风险评级开始于1982年，这两项指数至少每年发布一次。美国传统基金会的经济自由度指数于1995年首次发布，同年，国际透明组织开始公布年度全球清廉指数，而且进入以上评级名单的国家数目每年都在增加。这6个国家风险评级机构都各自声称拥有数目庞大的客户群。部分评级结果可以从互联网、期刊或者图书馆藏书中获得。但是历年的风险评级的汇总信息必须经购买才能获得。研究所采用的数据是2007年同时列入以上6个评级机构评级列表的128个国家的评价指标和评级数据。

三、假说检验

(一)假说一检验

　　首先对指标进行标准化处理，数字越大，代表得分越高，风险也就越小。在此基础上，我们使用相关性检验和因子分析对假说一进行检验，观察各家机构给出的国家风险总量大小是否取决于多个风险构成要素。表3-7反映了2007年8个标准化评级结果的相关程度，相关性最低的是自由之家评级与ICRG金融风险评级，为0.01。除了ICRG金融风险评级外，其他评级都至少与其他5个评级结果的相关性超过0.5。因此，通过相关性检验表可知，假说一不成立，虽然从不同的要素构成角度评估国家风险，但是评级结果却非常相似。这也证实了之前研究的结论，即不同类型国家风险评级之间存在相关性。

表 3-7　国家风险评级结果相关性（2007 年）

机构	自由之家	欧洲货币	美国传统基金会	机构投资者	ICRG 政治风险	ICRG 金融风险	ICRG 经济风险	国际透明组织
自由之家	1							
欧洲货币	0.60	1						
美国传统基金会	0.71	0.80	1					
机构投资者	0.53	0.92	0.73	1				
ICRG 政治风险	0.60	0.85	0.74	0.79	1			
ICRG 金融风险	0.01	0.39	0.12	0.42	0.36	1		
ICRG 经济风险	0.25	0.65	0.47	0.64	0.68	0.74	1	
国际透明组织	0.61	0.86	0.76	0.79	0.79	0.25	0.54	1

接下来使用因子分析对假说一进行检验。如果假说一成立，那么因子分析的结果应该显示，各类国家风险评级分属多个不同的因子。然而，对这 128 个国家的国家风险评级结果的面板数据进行因子分析，单因子可以解释 65% 的方差，因子载荷系数最低 0.39，最高 0.96，且通过了模型的充分性检验，如表 3-8 所示。也就是说，国家风险评级可以被一个综合因子解释，这再次证明了不同类型国家风险评级间相关性的存在，但是假说一不成立，即总量国家风险并非取决于要素风险个数的多少。

表 3-8　　国家风险评级测度的因子分析

机构	因子载荷系数	机构	因子载荷系数
自由之家	0.66	ICRG 经济风险	0.90
欧洲货币	0.96	ICRG 金融风险	0.39
美国传统基金会	0.86	ICRG 政治风险	0.73
机构投资者	0.91	国际透明组织	0.90

注：可解释方差为 0.65；特征值为 6.11

（二）假说二检验

通过分析各家评级机构的国家风险评价指标体系构成，以识别评级结果是否由不同类型的特性指标决定。对假说二的检验需要输入各项指标的基本信息，但是鉴于国际透明组织的全球清廉指数和机构投资者的国家信用评级没有提供输入数据的资料，所以下面的分析中仅以其余 6 个评级体系的共计 43 个输入指标为对象。输入指标数目最少的是自由之家的世界自由指数，只有 2 个，ICRG 的政治风险指标数目最多，为 12 个。不同机构间的风险指标虽非完全相同，但存在指标间重叠，这在一定程度上也解释了评级体系间相关性存在的部分原因。

首先考察 128 个国家相应的 43 个输入指标间的相关性，结果显示，指标间相关性最低为 -0.0043，最高为 0.95；并且个别指标高度相关，大部分指标间相关性很低。尤其是，高度相关的第一聚类（包括 23 个指标）的输入指标涉及了政治、经济、金融和社会等问题。第二聚类内部的 7 个输入指标在一定程度上相关；其余 13 个指标是具有特质性的，与其他指标几乎没有相关关系。

接着利用因子分析进一步地对假说二展开研究。采用类似假说一的检验方法，即计算每一次因子分析的特征值，通过比较特征值发现选择最合适的因子数目是 6 个。这 6 个因子中的输入数目分别为 28、7、4、2、1 和 1（表 3-9），因子一和因子二与相关性检验结果相呼应，证实了国家风险评级体系中不同类型特性指标的存在，即假说二成立。

表 3-9　风险评价体系指标构成因子分析

项目	因子一	因子二	因子三	因子四	因子五	因子六
FH Pol. Ri	0.28	0.91		0.11		
FH Civil Lib	0.35	0.88		0.17		
H Trade	0.50	0.40		0.26		−0.14
H Fiscal Burden	−0.20	0.18	−0.16	0.17		0.43
H Gov Interven.		0.37	−0.17	0.39		0.14
H Mon. Policy	0.72		0.16		0.14	0.43
H For. Invest.	0.29	0.56	0.12	0.35		0.13
H Bank/Finance	0.40	0.44		0.34	0.10	0.19
H Wages/Prices	0.31	0.50	0.14	0.31	0.17	0.24
H Prop. Rights	0.71	0.39		0.24	0.18	0.20
H Regulation	0.63	0.29		0.25	0.17	0.14
H Black Market	0.77	0.25	0.11	0.17	0.15	0.12
IE GDP/Pop.	0.87	0.24	0.14		0.14	
IE GDP Growth						0.24
IE Inflation	0.53		0.27		0.12	0.51
IE Bdgt. Bal. **	0.35	0.28	0.12	0.13	0.25	0.15
IE Cur. Acct. **	0.30	0.14			0.87	
IF Frn. Debt **	0.41		0.15		0.35	−0.24
IF Debt Serv.	0.16		0.20	0.13	0.25	0.21
IF Cur. Acct.	0.28	0.15		0.11	0.85	
IF Int'l. Liq.	0.26			0.23	0.11	
IF Ex. Rt. Stab.	0.37		0.10	−0.16		
IP Gov. Stab.			0.25			0.28
IP Socio. Cond.	0.77	0.15	0.27		0.20	0.22
IP Inv. Profile	0.26	0.31	0.15			0.41
IP Internal Con.	0.34	0.34	0.70		0.10	0.15
IP Ext. Con.		0.41	0.21	0.11	0.26	0.25
IP Corruption	0.40	0.51	0.31		0.26	
IP Mil. in Pol.	0.41	0.51	0.51	0.12	0.24	
IP Rel. Tensions	0.15	0.45	0.18			
IP Law + Order	0.57	0.18	0.56			
IP Ethnic Ten.	0.13	0.12	0.61			

项目	因子一	因子二	因子三	因子四	因子五	因子六
IP Demo. Acc.	0.20	0.81	0.15	0.19		
IP Bur. Quality	0.71	0.41	0.19	0.17	0.20	
E* Pol. Risk	0.86	0.33	0.22	0.19	0.21	
E Econ. Perf.	0.87	0.30	0.19		0.19	
E Debt Indicat.	0.25	0.18	0.20	0.81	0.18	
E Default/Resh.	0.20	0.14		0.74		0.17
E Credit Rating	0.86	0.33	0.21	0.16	0.12	
E Bank Finance	0.88	0.13	0.14			
E ST Finance	0.85	0.26	0.14	0.21	0.16	
E Cap. Markets	0.82	0.35	0.22	0.18		−0.19
E Dis. On For.	0.85	0.20	0.20	0.17	0.14	−0.11

注：FH 表示自由之家；H 表示美国传统基金会；IE 表示 ICRG 经济风险；IF 表示 ICRG 金融风险；IP 表示 ICRG 政治风险；E 表示欧洲货币

** 表示该指数输入值除以 GDP 总量

通过表 3-9 可知，因子一包含了较多的输入指标，如贸易、货币政策、产权、规管、人均 GDP、通货膨胀、社会经济条件、官僚素质、政治风险、经济绩效、信用评级、获得银行金融的能力、获得短期融资的能力和进入资本市场的能力。因子二的指标组合，主要是政治指标（如政治权利和公民自由）以及经济因子（如工资和价格政策、资本流动和外国直接投资的相关政策）。此外，其中的贪污腐败、黑市活动与被列入因子一的腐败问题有交叉。因子三中的 4 个投入更侧重于政治问题，涉及了内部冲突、军方的政治地位（也存在于因子二）、法律和治安及种族紧张等指标。因子四侧重债务和拖欠情况，因子五重点就是当前账户信息。因子六只有一个输入指标，即通货膨胀。综上所述，因子一无法反映一个特定的风险。因子三侧重政治信息，重叠部分包含在因子一和因子三中。在因子四、因子五、因子六中，虽然有明确的风险界定，但输入数目太少。因子分析的结果使得进一步研究国家风险成为了可能。

第四节　本章小结

西方主流风险评级机构针对国家风险评估推出了不同的评级排序。国家风险分析中假定跨国业务面临的风险会因为行业性质的不同而多样，因此，通常把国家风险按照风险要素划分为不同的类型以适应不同的需求与动机。如果不同类型的风险评估是准确和可靠的，那么它们应该由于风险类型的不同而有所区别。虽然各个评级机构的指标类型与数据来源各不相同，但是总量风险评级结果存在很强的相关性；进一步分析各要素风险的输入指标发现，指标背后的信息是截然不同的，国家风险评级指标可以根据不同的受众需求按照风险要素进行分类。

本章的主要贡献主要有两点：①澄清国家风险分析的地位和对国家风险的信息价值的现有认识。虽然从风险敏感度和风险信息的角度考虑，风险来自于不同方面，但是从不同类型风险出发而提出的评级排序结果区别并不大。②国家风险评价指标体系的构建需要在现有的构架上进一步发展与完善，无论是理论层面还是具体指标选择。本书提供的西方主流国家风险评价指标证据，为进一步区分风险因素并且探讨其对跨国资本运作的影响提供了有益的启示。

第四章　油气资源国国家风险识别与刻画

第二章和第三章着重对国家风险的学术研究和机构评级进行了分析与总结，以下 3 章将在此基础上，结合海外油气资源利用的研究背景，开展油气资源国国家风险研究。本章将对油气资源国国家风险的主要风险因素进行识别与刻画。具体而言，首先从石油资源、油气投资环境、对外合作和油气贸易情况等方面对主要的油气资源国进行介绍，识别油气资源国国家风险因素，从而建立基础性指标库，进而从企业海外投资、国家能源安全两个视角出发，构建两套目标导向型油气资源国国家风险评价指标体系。

现有的国家风险评级体系大多是围绕跨国投资或者债务偿付问题而建立，相对海外油气利用而言具有一定的局限性。本章从服务于海外油气利用的目的出发，建立油气资源国的国家风险评价指标体系，使其不仅包括对传统的政治、经济等风险因素的考量，而且能够涵盖对与石油资源高度相关的地缘风险的衡量，以及与中国双边关系的考量。

第一节　世界油气资源国概况

以发展国际油气贸易、实施跨国投资为目的，本节主要关注我国油气进口的主要来源国家和地区，以及潜在的油气贸易来源地。根据地理位置，将世界的石油产区或者输出区域划分为以下 6 块：中东地区、非洲地区、亚太地区、欧亚大陆地区、北美地区、中南美地区。

一、中东地区

（一）油气资源概况

中东地区是世界石油资源最富集的地区。根据《BP 世界能源统计年鉴 2012》，截至 2011 年年底，中东地区石油已探明储量为 7951 亿桶，约占全球石油已探明储量的 48.1%。该地区日产石油为 2768.9 万桶，而日消费石油仅为 807.6 万桶。所以该地区大量出口石油，日输出量约为 1766 万桶。世界前 15 位石油出口大国中，有 6 个国家来自中东。截至 2011 年年底，中东地区天然气已探明储量为 79.7 万亿立方米，约占全球天然气已探明储量的 38.4%。该地区年产天然气为 5131 亿立方米，而年消费天然气为 3981 亿立方米，见表 4-1。

表 4-1　中东地区主要油气资源国资源概况

国家	石油			天然气		
	探明储量 /亿桶	产量 /（万桶/日）	消费量 /（万桶/日）	探明储量 /万亿立方米	产量 /亿立方米	消费量 /亿立方米
伊朗	1512	432.1	182.4	33.1	1518	1533
伊拉克	1431	279.8		3.6	19	
科威特	1015	286.5	43.8	1.8	130	162
阿曼	55	89.1		0.9	265	
卡塔尔	247	172.3	23.8	25.0	1468	238
沙特阿拉伯	2654	1116.1	285.6	8.2	992	992
叙利亚	25	33.2		0.3	83	
阿联酋	978	332.2	67.1	6.1	517	629
也门	27	22.8		0.5	94	
其他中东国家	7	4.8	180.9	0.2	45	427
总计	7951	2768.9	807.6	79.7	5131	3981

资料来源：《BP 世界能源统计年鉴》，数据截至 2011 年年底

（二）油气投资与贸易

中东地区的油气贸易与投资状况受该地区的地缘政治影响很大。作为世界石油生产和出口的第一大国，沙特阿拉伯从 2003 年起便成了本·拉登及其领导的"基地"组织的进攻目标，长期不能摆脱恐怖袭击的威胁。伊拉克在 2003 年美伊战争之后石油生产能力不能迅速恢复，其国内宗教派系无休止的争斗和两伊矛盾无不给该国的稳定带来极大的变数。而伊朗与美国之间的核危机再度爆发，从 1995 年开始，美国便对伊朗进行了长达 10 年的经济制裁，而且自伊朗出现伊斯兰革命以来，美伊之间的外交交恶已经长达 30 年之久，奥巴马政府甚至鼓励主要阿拉伯国家增加对一些石油消费国的石油出口，以便减少石油消费国对伊朗能源的依赖。加之巴以冲突、也门动乱，中东地区的安全状况难以令人满意，时刻受到威胁。在油气项目投资中，虽然目前中东地区一些国家对石油区块开始招标，有不少外国的石油公司开始进驻，但是多数国家对外国石油公司采取了严格的限制措施。

近年来，中东地区石油勘探开发的国际合作呈现增长趋势，在中东国家进行投资和作业的外国公司仍以跨国石油公司为主，包括雪佛龙、壳牌、西方石油、BP、道达尔、阿吉普和埃尼等。值得注意的是，近年来中东国家已经注意到石油投资多元化有利于发展本国的石油工业，避免本国石油资源被个别国家控制，希望引入多元投资者。亚洲国家和俄罗斯的石油公司正积极进入中东国家的石油

勘探开发领域，如中国石油、中国石化、马来西亚国家石油公司和日本一些公司等已经进入中东重要油气资源国。在炼油和石化领域也是这样，不少欧美日的大公司已涉足不少中东大型炼化项目，近几年来中国公司也开始进入，并参与一些项目。

中东石油的 32% 流向日本和中国，如图 4-1 所示。亚太地区对中东石油的依存度在不断增长。以原油为例，中国 2011 年从中东地区进口原油约 13 004.29 万吨，其中从沙特阿拉伯进口原油 5027.77 万吨，位列中国众进口源之首，伊朗、阿曼、伊拉克、科威特分别位列中国众进口源的第 3 位、第 5 位、第 6 位、第 10 位。

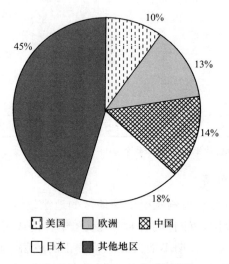

图 4-1　中东地区石油出口流向份额图（2011 年）

二、非洲地区

（一）油气资源概况

非洲地区是世界石油界的新贵，也是各大消费国的新宠。根据《BP 世界能源统计年鉴 2012》，截至 2011 年年底，非洲地区石油已探明储量为 1324 亿桶，约占全球石油已探明储量的 8%。该地区日产石油约 880.4 万桶，而日消费石油仅为 333.6 万桶。截至 2011 年年底，非洲地区天然气已探明储量为 14.5 万亿立方米，约占全球天然气已探明储量的 7%。该地区年产天然气为 2027 亿立方米，而年消费天然气仅为 1098 亿立方米，见表 4-2。

表 4-2　非洲地区主要油气资源国资源概况

国家	石油			天然气		
	探明储量 /亿桶	产量 /（万桶/日）	消费量 /（万桶/日）	探明储量 /万亿立方米	产量 /亿立方米	消费量 /亿立方米
阿尔及利亚	122	172.9	34.5	4.5	780	280
安哥拉	135	174.6				
乍得	15	11.4				
刚果（布）	19	29.5				
埃及	43	73.5	70.9	2.2	613	496
赤道几内亚	17	25.2				
加蓬	37	24.5				
利比亚	471	47.9		1.5	41	
尼日利亚	372	245.7		5.1	399	
苏丹	67	45.3				
突尼斯	14	7.8				
其他非洲国家	22	22.1	228.2	1.2	194	322
总计	1324	880.4	333.6	14.5	2027	1098

资料来源：《BP 世界能源统计年鉴 2012》，数据截至 2011 年年底

（二）油气投资与贸易

非洲通常被视为是一个高风险的贸易投资区域。太多的暴力冲突、缺乏稳定的政治体系，使得尼日利亚、安哥拉等油气资源国时常受国内政治和社会危机所困；运转失效的司法体系，导致许多非洲国家法庭裁决经济和财政纠纷时独断专行；此外落后的基础设施、脆弱的金融体系，这些都是令国际贸易与投资者望而生畏的风险因素。但是近些年来，许多非洲国家的经济政治体系发生了巨大变化。很多国家采取了自由汇率体系，对国际间贸易的许多限制也逐步减少，完善的金融体系也正在建立。一些国家制定了新法规和优惠政策，以吸引外国投资；部分油气资源国继续推进国有石油公司的私有化进程，并向跨国公司开放石油上游业务，积极举行勘探开发国际招标活动，为国际公司提供了大量投资机会。

非洲地区油气资源丰富，为发展油气工业、促进经济发展，许多国家制定了鼓励外资政策，推进国有公司私有化，打破国有公司的垄断地位，举行勘探开发国际招标，改善国际环境，加强对外合作，这使得非洲成为全球最具吸引力的油气投资热点地区之一。2000 年以来，非洲资源国授出的勘探开发许可面积不断扩大，国际石油合作呈上升趋势。截至 2005 年，非洲共有有效勘探开发许可 563

个，许可面积达 166.4 万平方千米，其中陆上 69.3 万平方千米，海上 97.1 万平方千米，公司数量达到 380 家。目前，西非海上是全球石油勘探开发最有吸引力的投资目标，尤其是几内亚湾地区。

非洲对外石油合作通常采取产量分成制和租让制。20 世纪 90 年代以后，国际大石油公司几乎都把发展其在非洲的业务作为公司重要的发展战略，并不断加大在非洲的油气投资力度。此外，以中国、马来西亚和印度国家石油公司为代表的新兴国家和国家石油公司也纷纷加入非洲国家的油气合作，在非洲国家中产生了重大影响。近年来，中国石油公司利用中国在非洲的传统优势，加大了投资力度。对于中国来说，苏丹、埃及、阿尔及利亚、利比亚、加蓬、突尼斯和安哥拉等国，投资环境都相对比较好，中国石油企业的优势也比较突出。此外，尼日利亚、刚果（布）、喀麦隆、尼日尔、埃塞俄比亚、索马里和乌干达等国家也值得关注，其投资环境一旦改善，将具有很大的投资潜力（史凌涛，2004）。尤其是中国石油天然气集团公司与苏丹的石油合作取得了举世瞩目的成绩，合作领域涵盖了石油勘探开发、地面建设、长输管道、石油炼制和石油化工等领域，包括 1/2/4 区油田及管道项目、苏丹 3/7 区项目、喀土穆炼油厂项目和化工厂项目。由于中国石油公司的参与，苏丹在短短几年内，便建立起了上下游一体化的石油工业体系，由原油进口国一跃成为原油出口国。

北非的石油出口主要流向欧洲，而西非的石油出口量中近 40％通过大西洋运往美国，如图 4-2 所示。2011 年我国从非洲地区进口原油 6014.69 万吨，其中安哥拉、苏丹、刚果（布）分别位列我国原油进口来源的第 2 位、第 7 位、第 13 位。

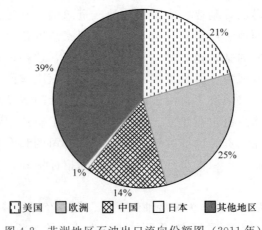

图 4-2　非洲地区石油出口流向份额图（2011 年）

三、亚太地区

（一）油气资源概况

亚太地区是世界主要的能源中心之一，包括澳大利亚、文莱、中国、印度、印度尼西亚、马来西亚、泰国、越南、孟加拉国、巴基斯坦、缅甸、巴布亚新几内亚等 13 个重要油气生产国，其中中国是这一地区最大的石油生产国和消费国。根据《BP 世界能源统计年鉴 2012》，截至 2011 年年底，亚太地区石油已探明储量为 412 亿桶，约占全球石油已探明储量的 2.5%。该地区日产石油约 808.6 万桶，而日消费石油确为 2830.1 万桶，需要大量进口石油。截至 2011 年年底，亚太地区天然气已探明储量为 16.8 万亿立方米，约占全球天然气已探明储量的 8%。该地区年产天然气 4790 亿立方米，而年消费天然气为 5905 亿立方米，见表 4-3。

表 4-3　亚太地区主要油气资源国资源概况

国家	石油			天然气		
	探明储量 /亿桶	产量 /（万桶/日）	消费量 /（万桶/日）	探明储量 /万亿立方米	产量 /亿立方米	消费量 /亿立方米
澳大利亚	39	48.4		3.8	450	256
文莱	11	16.6		0.3	128	
中国	147	409.0	975.8	3.1	1025	1307
印度	57	85.8	347.3	1.2	461	611
印度尼西亚	40	94.2	143.0	3.0	756	379
马来西亚	59	57.3	60.8	2.4	618	285
泰国	4	34.5	108.0	0.3	370	466
越南	44	32.8	35.8	0.3	85	85
其他亚太地区	11	30.0	1159.4	2.1	897	2516
总计	412	808.6	2830.1	16.8	4790	5905

资料来源：《BP 世界能源统计年鉴 2012》，数据截至 2011 年年底

（二）油气投资与贸易

亚太地区的国家发展程度相对较高，国家政局相对稳定，经济制度相对完善，贸易和投资环境良好。在全球投资自由化的背景下，该地区的许多国家都放宽了对石油、天然气及其他能源领域的贸易和投资限制。

亚太地区主要的油气开采活动集中在中国、东南亚一带（印度尼西亚、马来西亚、文莱等）及澳大利亚和新西兰等资源相对丰富的国家。其中，印度尼西亚和澳大利亚正逐渐成为世界海上天然气生产和出口大国；印度、斯里兰卡、菲律宾、越南、泰国、缅甸和巴基斯坦等国也在积极进行本国的油气资源开发。鉴于

资源储量下降，各资源国积极吸引外资，采取透明的招标程序公开向国际投资者进行油气区块招标，尤其是海上区块的招标更为活跃。亚太地区是主要的油气消费市场，尽管油气资源潜力不及中东和非洲地区，但大多数外国石油公司仍然将其作为战略性油气勘探开发地区。

　　亚太地区的石油资源主要在本地区内流动，流入美国和欧洲的仅占 7% 左右（图 4-3）。2011 年我国从亚太地区进口原油 863.71 万吨。总体而言，来自亚太地区的进口量逐年减少，个别国家略有起伏。

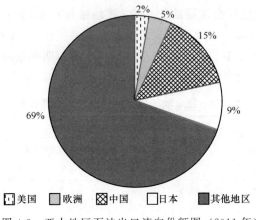

图 4-3　亚太地区石油出口流向份额图（2011 年）

四、欧亚大陆地区

（一）油气资源概况

　　欧亚大陆地区包括欧洲和苏联地区。根据《BP 世界能源统计年鉴 2012》，截至 2011 年年底，欧亚地区石油已探明储量为 1411 亿桶，约占全球石油已探明储量的 8.5%。该地区日产石油约 1731.4 万桶，日消费石油为 1892.4 万桶。截至 2011 年年底，欧亚地区天然气已探明储量为 78.7 万亿立方米，约占全球天然气已探明储量的 37.8%。该地区年产天然气 10 364 亿立方米，年消费天然气为 11 011 亿立方米，见表 4-4。

表 4-4　欧亚大陆地区主要油气资源国资源概况

国家	石油			天然气		
	探明储量 /亿桶	产量 /（万桶/日）	消费量 /（万桶/日）	探明储量 /万亿立方米	产量 /亿立方米	消费量 /亿立方米
阿塞拜疆	70	93.1	8.0	1.3	148	82
丹麦	8	22.4	17.3	0	71	42

续表

国家	石油			天然气		
	探明储量/亿桶	产量/（万桶/日）	消费量/（万桶/日）	探明储量/万亿立方米	产量/亿立方米	消费量/亿立方米
意大利	14	11.0	148.6	0.1	77	713
哈萨克斯坦	300	184.1	21.2	1.9	193	92
挪威	69	203.9	25.3	2.1	1 014	40
罗马尼亚	6	8.8	18.7	0.1	110	138
俄罗斯	882	1 028.0	296.1	44.6	6 070	4 246
土库曼斯坦	6	21.6	10.8	24.3	595	250
英国	28	110.0	154.2	0.2	452	802
乌兹别克斯坦	6	8.6	9.1	1.6	570	491
其他欧亚大陆国家	22	39.9	1 183.1	2.5	1 064	4 115
总计	1 411	1 731.4	1 892.4	78.7	10 364	11 011

资料来源：《BP世界能源统计年鉴2012》，数据截至2011年年底

（二）油气投资与贸易

　　欧亚大陆地区可以分为欧洲和苏联地区。欧洲区域的石油资源主要集中的北海及周边地区，产油量已经达到高峰。该区域内主要的油气资源国英国也在逐步转变成为油气进口国家；法国、德国、意大利、西班牙等国均是石油进口和消费大国。虽然欧洲地区政治、经济稳定，贸易风险相对较小，但是资源贫乏，本身能源需求量大，外部国家很难获取更多的利益。苏联地区是世界油气资源相对富集的区域，俄罗斯是世界第二大油气资源国。里海周边蕴藏着丰富的石油和天然气资源，有"第二个中东"之称。虽然这一区域和不太稳定的地区接壤，但是并没有受太大的影响。总的来说，苏联地区的国家政权相对稳定、贸易投资环境均良好。

　　欧洲是世界上油气勘探开发最为活跃的地区之一。西欧的勘探活动保持平稳，北海地区对油气公司仍具有吸引力。东南欧国家受俄罗斯与乌克兰天然气纷争影响，积极开展勘探开发活动，努力实现能源多样化。罗马尼亚开始积极鼓励开发本国的油气资源。波黑成为欧洲勘探开发的新亮点，已勘测到蕴藏丰富、品质优良的原油，但受政体及投资因素影响，进一步的勘探开发有待观察。2006年年初，葡萄牙恢复南部地区的石油勘探活动。雷普索尔和德国的RWE公司重新获得在葡萄牙的勘探权；巴西国家石油公司也获得了葡萄牙的深海勘探许可。

　　欧亚大陆地区主要的石油流向是欧洲（图4-4）。但值得注意的是，俄罗斯等苏联地区被亚洲主要油气消费国视为未来主要的贸易伙伴。2011年我国从俄罗

斯进口原油 1972.45 万吨，位列第 4 位；从哈萨克斯坦进口原油 1121.10 万吨，位列第 9 位。同时我国逐年减少了从挪威等国的石油进口。

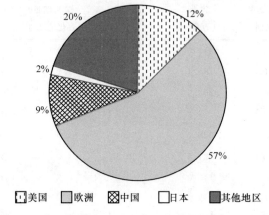

图 4-4　欧亚大陆地区石油出口流向份额图（2011 年）

五、北美地区

（一）油气资源概况

北美地区包括美国、加拿大、墨西哥三国。根据《BP 世界能源统计年鉴 2012》，截至 2011 年年底，北美地区石油已探明储量为 2175 亿桶，约占全球石油已探明储量的 13.2%。该地区日产石油为 1430.1 万桶，而日消费石油为 2315.5 万桶，需要大量进口石油。截至 2011 年年底，北美地区天然气已探明储量为 10.9 万亿立方米，约占全球天然气已探明储量的 5.2%。该地区年产天然气为 8643 亿立方米，年消费天然气为 8638 亿立方米，见表 4-5。

表 4-5　北美地区主要油气资源国资源概况

国家	石油			天然气		
	探明储量 /亿桶	产量 /（万桶/日）	消费量 /（万桶/日）	探明储量 /万亿立方米	产量 /亿立方米	消费量 /亿立方米
美国	309	784.1	1883.5	8.5	6513	6901
加拿大	1752	352.2	229.3	2.0	1605	1048
墨西哥	114	293.8	202.7	0.4	525	689
总计	2175	1430.1	2315.5	10.9	8643	8638

资料来源：《BP 世界能源统计年鉴 2012》，数据截至 2011 年年底

（二）油气投资与贸易

北美地区整体看来政治、经济环境良好，法律法规健全。美国和加拿大两国

拥有一大批实力强大的位居世界前列的跨国石油公司。它们利用资金、技术、规模、战略和地理优势，已经在北美地区的石油勘探开发中抢得先机，控制了这两个国家远景最好的区块。过去由于技术和政治原因而相对很少勘探的墨西哥湾深水区以及生产成本相对较高的加拿大油砂资源，正在成为该地区油气勘探开发合作的热点（王琛，2009）。该地区的石油资源很少流向亚太和欧洲地区，大部分为本地区所消化（图 4-5）。

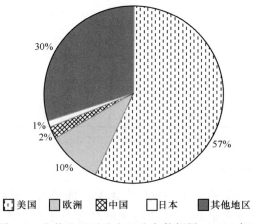

图 4-5　北美地区石油出口流向份额图（2011 年）

六、中南美地区

（一）油气资源概况

中南美地区包括加勒比海沿岸、中美洲和南美洲的国家。根据《BP 世界能源统计年鉴 2012》，截至 2011 年年底，中南美地区石油已探明储量为 3254 亿桶，约占全球石油已探明储量的 19.7%。该地区日产石油为 738.2 万桶，而日消费石油仅为 624.1 万桶。截至 2011 年年底，中南美地区天然气已探明储量为 7.57 万亿立方米，约占全球天然气已探明储量的 3.6%。该地区年产天然气为 1679 亿立方米，年消费天然气为为 1545 亿立方米，见表 4-6。

表 4-6　中南美地区主要油气资源国资源概况

国家	石油			天然气		
	探明储量 /亿桶	产量 /（万桶/日）	消费量 /（万桶/日）	探明储量 /万亿立方米	产量 /亿立方米	消费量 /亿立方米
阿根廷	25	60.7	60.9	0.34	388	465
巴西	151	219.3	265.3	0.45	167	267

续表

国家	石油			天然气		
	探明储量 /亿桶	产量 /（万桶/日）	消费量 /（万桶/日）	探明储量 /万亿立方米	产量 /亿立方米	消费量 /亿立方米
哥伦比亚	20	93.0	25.3	0.16	110	90
厄瓜多尔	62	50.9	22.6			5
秘鲁	12	15.3	20.3	0.35	114	62
特立尼达和多 巴哥共和国	8	13.6	3.4	0.40	407	220
委内瑞拉	2965	272.0	83.2	5.53	312	331
其他中南美国家	11	13.4	143.1	0.34	181	105
总计	3254	738.2	624.1	7.57	1679	1545

资料来源：《BP 世界能源统计年鉴 2012》，数据截至 2011 年年底

（二）油气投资与贸易

中南美地区国家多是第三世界发展中国家。许多油气资源国时常受国内政治和社会危机所困。不完善的政治经济制度也时常会使石油产业受到威胁。例如，2005 年 8 月，厄瓜多尔东北部亚马孙地区两个产油省的石油工人举行罢工和抗议活动，随后政府宣布这两个省进入紧急状态。这一事件严重影响了厄瓜多尔的石油生产。危机爆发前，厄瓜多尔每天的石油开采量达到 53.5 万桶，而到 8 月底厄瓜多尔的石油产能只能恢复到此前的 1/4。

近年来，中南美地区的主要油气资源国陆续颁布了新的油气法或者新的鼓励政策，以吸引国内外资本对本国能源行业进行投资。许多国家都举行了油气勘探与生产许可证国际招标，多数获得成功。该地区的国际合作项目主要集中在阿根廷、委内瑞拉、玻利维亚和厄瓜多尔。目前有 131 家外国石油公司在南美从事油气勘探开发，其中，油道达尔、雪佛龙、壳牌和埃克森美孚等知名跨国石油公司以及 Peterobras、中国石油、Statoil、Gazprom、NIOC、ONGC、中国石化等国家石油公司。该地区石油剩余探明储量主要由该地区的各国家石油公司控制，达1700 亿桶当量；其次是跨国石油公司，为 180 亿桶当量；大型独立石油公司为140 亿桶当量；小型独立石油公司为 80 亿桶当量；南美地区以外的国家石油公司拥有石油储量 30 亿桶当量。

中南美地区的石油大部分流入了美国，小部分进入了欧洲和中国等地区和国家（图 4-6）。近些年来我国加大了来自中南美地区的石油进口。其中，来自委内瑞拉的石油进口增长显著，2011 年我国从委内瑞拉进口原油 1151.77 万吨，该国位列我国第 8 位原油进口来源国家。同期来自巴西的原油进口也逐年上升，到

2011 年达到 670.98 万吨，在我国原油来源国中排名第 16 位。

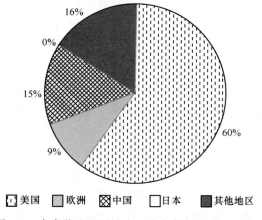

图 4-6　中南美地区石油出口流向份额图（2011 年）

第二节　油气资源国国家风险概况

油气资源国影响我国海外油气利用的研究角度很多，从纵向来看，影响因素包括长期因素和短期因素。但是，鉴于贸易与投资是一个长期的合作过程，进口合同通常为长期合同，因此我们更注重长期影响因素。从横向来看，影响因素主要包括政治、社会、经济和技术等方面。下文我们主要从横向的角度来分析。

一、政治与社会风险

在影响我国海外油气贸易与投资的油气资源国的许多因素中，最主要的是政治、社会因素。政治因素，主要是指国际政治环境（主要油气需求国与油气资源国的关系、油气资源国与周边国家的关系等）以及油气资源国的国内政治状况对我国海外油气利用的影响因素。社会因素，主要是指国内的社会环境对石油输出的影响，主要是指油气资源国国内的社会稳定。因为战争、冲突、骚乱等会破坏石油生产的基础设施，更严重的政权更替会直接影响我国油气资源获取的延续性、合同的有效性等。

在分析油气资源国国家风险时，首先要考虑的政治因素是我国与美国等其他主要油气需求国在这些油气资源国，特别是在中东、海湾地区油气资源国的政治影响力。如果中国在这些油气资源国的政治影响力较弱，我国要获得可靠、充足的石油进口就比较困难。

中东地区经济和社会发展不平衡，部分国家的政教合一体制深刻影响其国内立法和执法。20 世纪 60 年代，中东国家先后进行油气资源的国有化运动，实现了石油工业国有化，尤其在石油勘探开发领域，禁止外国石油公司从事石油生产业务。地缘政治风险和安全局势对中东经济发展前景影响极大。伊拉克局势、伊朗核问题、巴以冲突等重大政治问题，以及由这些政治问题引发的暴力冲突，不仅制约了中东各国自身经济的发展，也将在较长时间内影响外国资本的进入。

独联体法律法规缺乏稳定性和完整性。独联体地区各国，在油气工业对外开放的同时，出于保护本国资源和获取更多利益的考虑，会不断调整本国国际油气合作政策，修改对外合作法律条款和合作模式，出台新的财税政策。外国公司普遍认为，独联体国家的法律法规缺乏稳定性、系统性和完整性，是开展长期国际油气合作的最大障碍。

非洲政治稳定性和法律连续性亟待改进。非洲地区正逐步成为外国投资者追捧的一片热土，但目前仍存在许多风险和不利因素。首先是政治的稳定性和法律连续性方面亟待改进。其次是安全形势依然严峻，非洲多数国家地域狭小，边境地区民族关系复杂，国家安全形势易受周边国家的影响，形成连锁反应。再次是经济政治易受宗主国影响。宗主国在非洲国家政治、军事、经济和文化等领域享有特权，影响非洲国家政府的施政，外国垄断资本控制国家经济命脉。最后是非洲地区整体基础设施落后，配套设施严重不足，外资企业投资启动成本极高。此外，电力供应短缺也是许多非洲国家急需解决的问题。

中南美地区腐败现象严重。该地区的国家风险主要体现在政策不连贯性、腐败现象严重和恐怖活动猖獗。首先，政策不连贯性主要体现在一些左派政府加强贸易保护主义对经济的干预。例如，委内瑞拉、厄瓜多尔和玻利维亚相继实行能源国有化措施，提高了税收，取消了外国资本在能源开发中的控股地位，政策调整对投资产生负面影响。其次，廉洁执政问题一直困扰该地区民主化进程。国际非政府组织"透明国际"发表的报告认为，南美国家的腐败现象较为严重。最后，局部地区恐怖活动猖獗。该地区恐怖组织起源于 20 世纪六七十年代，信奉"暴力革命"，以恐怖暴力为手段，以推翻现行政治、社会制度为目的，加之贩毒集团的暴力走私，该地区恐怖活动更趋复杂。

亚太地区的社会制度和宗教信仰存在矛盾。该地区政治安全情况复杂，各国和各地区社会制度、意识形态、价值取向和宗教信仰等方面存在着较大差异和矛盾。国家间经济利益的差异，区域性的冲突与协调，造成了亚太地区关系更加复杂。南亚、东南亚的恐怖袭击频发，一些国家国内政局仍存在不稳定因素。中国与亚太国家的经济贸易也同样面临着一些不确定性。多边贸易谈判受挫使得贸易保护主义倾向加剧，非关税壁垒日趋增强，亚洲地区主要国家的货币可能继续大幅波动。

二、经济与金融风险

传统的国家风险分析，主要的分析对象是债务违约风险和投资风险等，经济、金融因素是其主要的影响因素，因而经济、金融风险是其国家风险分析的重点。而对油气资源国国家风险的分析，我们主要研究影响我国海外油气利用安全的油气资源国国内的经济因素。由于油气资源国国内的经济情况各不一样，针对不同的国家经济情况，分析重点也不一样。

首先，与政治稳定一样，油气资源国经济的稳定与否，也会影响其石油的稳定输出。大部分油气资源国的经济结构都比较单一，特别是中东、海湾地区的油气资源国，大多以石油出口为其经济的唯一支柱。经济的稳定与其石油生产、出口的稳定密切相关。当油气资源国国内经济处于衰退或不稳定时期，其石油生产与出口量可能都会下降，这将影响我国石油进口的稳定。而当其经济处于繁荣稳定期，其生产和出口也会保持稳定。因此，油气资源国经济的稳定，是反映油气资源国石油生产供应稳定的重要指标。而反映油气资源国国内经济稳定的指标主要是一些宏观经济指标，如 GDP 或人均 GDP 的增长率等（图 4-7 和图 4-8）。

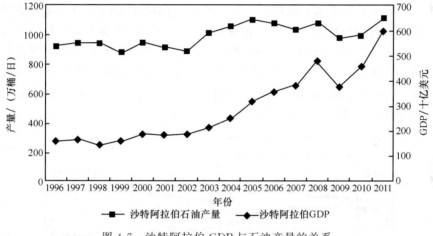

图 4-7　沙特阿拉伯 GDP 与石油产量的关系

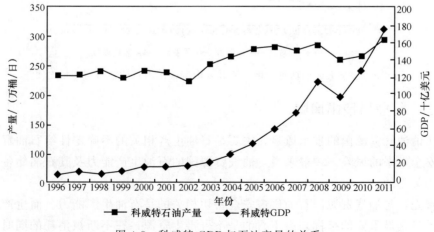

图 4-8　科威特 GDP 与石油产量的关系

从图 4-7 和图 4-8 中东两大油气资源国沙特阿拉伯、科威特的 GDP 与石油产量之间的关系来看，两个国家的 GDP 与石油产量之间的相关性很高，其相关系数都达到了 80%。这说明了这些国家的经济与石油生产之间有密切的联系。对于这样的国家，经济稳定性是国家风险的重要影响因素。

其次，对于像俄罗斯这样的国家，石油、天然气出口并不是其经济的唯一支柱，国内经济的发展也需要石油等能源供给。当其国内经济社会发展对石油需求上升而产量保持不变时，石油的出口能力会下降，进而影响我国石油进口的安全。因此，油气资源国国内对石油的需求也会影响我国石油供给的安全。在考虑其国内需求时，我们应该采用需求的相对值，即油气资源国国内石油消费与其产量之比。该比值上升说明相对石油产出，国内需求上升，出口能力下降，石油进口安全风险增加。

图 4-9 显示了加拿大、墨西哥、俄罗斯和委内瑞拉等国国内石油的消费相对值。其中，委内瑞拉国内石油消费相对值上升。一方面与委内瑞拉石油产量下降有关，另一方面其国内石油消费的不断上升也使得该值上升。而俄罗斯的石油消费相对值却在下降，主要原因是普京 2000 年执掌俄罗斯后，其石油产量大幅提高。因此，分析我国石油进口安全，我们还应该考虑油气资源国的石油产量情况，这部分将在技术风险中展开讨论。

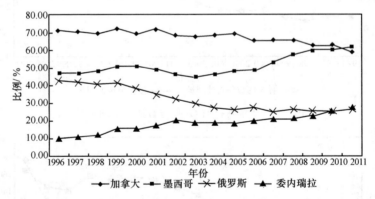

图 4-9　加拿大、墨西哥、俄罗斯和委内瑞拉国内石油消费与产量之比

三、行业与技术风险

所谓油气资源国的技术风险，主要是石油生产相关的不确定性给石油贸易与投资安全带来的风险。一般来说，油气资源国的石油生产能力及其石油储备是我们最为关心的。

首先，与油气资源国石油供应安全密切相关的是石油生产能力。而生产能力中，产量是最重要的指标。由于石油是不可再生资源，在不断被消耗的同时，如果其产量跟不上，势必会使得石油供应量减少。即使在现有的产量水平下，随着对石油需求的不断增加，供求矛盾会进一步加剧，石油供应安全将会受到严重威胁。所以，油气资源国的产量直接关系到石油供给安全。从图 4-10 可以看出，全球的石油消费量都高于其产量，而且石油产量在 1999 年、2001 年、2002 年和 2009 年都出现了负增长。产量的不稳定，是影响我国石油进口可靠、充足的重要因素。

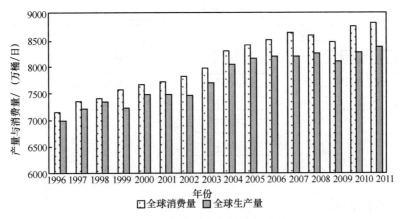

图 4-10　全球石油产量与消费量

　　其次，油气资源国对石油生产设施的投入是影响其石油产量的重要指标之一。许多石油油气资源国都不愿意增加石油的生产建设投入，因而造成了石油供应不足，供求矛盾激化。生产设施是石油生产的基础，投入越多，石油生产能力就越强，石油供应就会越充足。生产设施投入不仅包括油气资源国本国的投入，还应该包括我国对其石油生产的投入。因为我国对其石油生产的直接投入，能确保对我国石油供给的安全。

　　最后，油气资源国的石油储量情况，也是我们所关注的重要因素。石油探明储量越大，其供应就会越稳定、越充足，风险也相对较小。但是即使油气资源国储量很大，要获得安全的石油供给，主要还是取决于前面讨论的政治因素、经济因素等。一般反映储量的指标有探明储量和储采比。后者是一个相对值，反映在现有生产能力下，其石油开采的年限，这一指标能较好地综合反映其储量和生产能力情况。

四、其他风险

　　影响油气资源国油气供应安全的因素，还包括自然灾害，如地震、海啸等。这些自然灾害对油气资源国的油气生产破坏是极大的。这些因素对各油气资源国的影响需要根据不同情况进行具体分析。而且，对地震、海啸等自然灾害的预报并不准确，且其突发性使得我们不能给出一个长期的评价，在我们的框架内暂时不讨论。

第三节　基础性油气资源国国家风险指标库

通过对油气资源国国家风险诸多影响因素的分析，可划分为政治风险、经济风险和地缘风险三个维度，基本结构如图 4-11 所示。

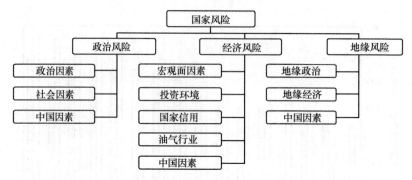

图 4-11　油气资源国国家风险评价基础指标体系

一、政治风险

油气资源国政治风险是指油气资源国国内的政治不确定给油气投资带来损失的可能性。主要包括政治因素、社会因素和中国因素三个方面。油气资源国，特别是中东、海湾地区的油气资源国大多都是集权政权国家，社会分化比较严重，其国内政治大多都不太稳定，加之这些地区多是多民族、多宗教国家，社会也不是很稳定。因此，政党之间的矛盾、阶层之间的矛盾、民族之间的矛盾和宗教之间的矛盾等，有可能会引发国内的冲突、骚乱和战争。因此，油气资源国国内政治、社会的稳定，是确保我国石油进口安全的重要因素。除此之外，中国对油气资源国的政治影响程度也会影响该国政治风险对中国的具体表现。此类风险共包括 3 大类风险因素，19 个风险指标，具体指标细化见表 4-7。

表 4-7　政治风险指标列表

风险因素	风险指标		指标细化	指标解释
政治因素	政局	政治更迭率	政治领导人更替频率	衡量在现有政权产生方式、政党力量对比情况下，以及其所带来的政局动荡程度
			政治组织更替频率	
		民主程度	发言权与民主	衡量政治进程、民主自由和政治权力的各方面，反映民众参与政府选举的程度、媒体的独立性
		稳定度	政治稳定与暴力	衡量执政力量的不稳定及被非法或暴力手段（包括国内暴力的恐怖势力）推翻的可能性
		内部冲突及战乱爆发的可能性		衡量一国爆发内部冲突及战乱的可能性

风险因素	风险指标	指标细化		指标解释
政治因素	政策	行政干预度	监管质量	衡量类似价格控制、不适当的银行监管等非市场友好政策的出现
		法律效力	法治原则	衡量行为主体信任并遵守社会秩序的程度，考虑犯罪、司法效力与可预期性，以及合约的可执行性
		政策完备性	贸易政策	衡量政策结构对贸易的促进
			金融政策	衡量金融部门结构及政策法规完善情况
			商业管理环境	衡量法律、法规、政策环境是否有助于私人企业投资、提供就业、增产等
			民生政策 性别平等	衡量一国教育、健康、经济、法律保护等提高男女平等的法律政策的执行程度
			公共资源使用的平等	衡量公共支出的结构等对穷人的影响
			构建人力资源	衡量国民政策及公共、私人部门服务对健康、教育服务的获得和服务质量的影响
			社会保护与劳动力	衡量政策、社会保护和劳动力市场法规对民众的保障（最低生活保障）
			环境支持程度	衡量环境政策对自然资源的保护、资源的持续使用程度和污染的治理
	政府治理	政府效率	政府效率	衡量政府行政的效率
			公共管理质量	衡量中央政府职员结构、执行政策和服务等的效率
			官僚质量	衡量与政府打交道的成本
		宏观调控能力	宏观经济管理	衡量货币、汇率、总需求等政策结构
			财政政策	衡量短期、中期财政政策的持续性及对经济增长的影响
			债务政策	衡量债务管理政策是否有助于最小化预算风险及长期债务的持续性
		腐败控制力	腐败控制	衡量腐败控制能力
社会因素	人口因素	宗教紧张度		
		民族关系紧张度		
		社会阶层紧张度	收入结构 基尼系数	衡量收入结构，反映贫富差距
			失业率 失业率	衡量一国总的就业形势
			青年（15～24岁）失业率	衡量青年的就业形势
			贫困度 低于国家贫困线的人口比重	衡量社会贫苦情况

续表

风险因素	风险指标	指标细化	指标解释
社会因素	文化因素	价值观	社会认可度	
		亲西方性		
		对外贸易的接受程度		
中国因素	接受度	社会认可度		
	影响度	中方援助力度		
		政治影响力		

二、经济风险

对油气资源国经济风险的分析，侧重于油气资源国国内可能会影响油气对外供给的经济因素。首先，宏观经济指标是反映一国国内经济稳定的主要指标；其次，油气资源国在油气投资领域的硬件、软件的保障，包括与油气投资相关的基础设施、政策支持、税收环境、融资环境等因素，以及该国油气行业的基本特征及发展趋势等因素，都将直接关系到我国企业对其海外投资风险；最后，一国的国家风险在一定意义上就是国家是否讲信用、履行诺言、偿还债务的风险，本书考察油气资源国的信用风险主要是指其债务偿付情况，包括偿债能力和偿债愿望两类因素。同政治风险分析类似，需要考察经济领域中的中国因素影响，主要包括中国同该国的贸易密切度及在该国投资、经营所需的竞争力储备情况。此类风险共包括 6 大类风险因素，42 个风险指标，具体指标细化见表 4-8。

表 4-8　经济风险指标列表

风险因素	风险指标	指标细化	指标解释
宏观因素	实际 GDP 增长率		衡量一国经济发展实力与潜力
	通货膨胀率		
	经济自由度指数		
	利率稳定性		
	吸引 FDI 潜力指数		衡量利用外资能力
	商业竞争力指数		衡量政策稳定、法律、社会机构和宏观政策对国家经济增长前景带来的影响

续表

风险因素		风险指标	指标细化	指标解释
投资环境	基础设施	设施保障		衡量交通运输、电力等保障程度
		劳动力保障	雇用严格指数	衡量雇用工人的难易、解雇难易等
	政策支持	投资者保护	暴露指数	衡量投资者所有权、财务信息等的保护情况
		企业进入	综合指数	衡量企业创办的难易程度，包括注册、办理执照所需手续、时间、成本等
		企业退出	解决破产所花时间	衡量企业退出的难易程度
	税收环境	应支付税税目数量		衡量税收成本
		准备文件及支付税款所花时间		
		支付税总额占收益之比		衡量税收负担
		最高边际税率		
	融资环境	合法权利指数		衡量法律对存贷款人的保护程度
		信用信息指数		衡量信用信息可获得、质量、范围等情况
		银行资本资产比率		衡量银行的偿付能力
		银行不良贷款率		衡量银行的健康与效率
		银行提供的国内信用比率占 GDP 比重		衡量间接融资的深度及发展程度
		风险溢价程度		高于无风险利率的利率部分，衡量融资的效率、成本
国家信用	偿债能力	财政余额/GDP		
		经常账户余额/GDP		
		外汇储备/月进口付汇		衡量债务偿付能力
		汇率稳定性		
	偿债愿望	偿债率		衡量债务负担
		拖欠违约历史		
		能源合约履行情况		
油气行业	资源保障度	储采比		衡量油气开采年限
		油气出口/总产量		衡量油气出口能力
		国内油气消费需求增长率		衡量国内的油气需求
	产品竞争度	油品种类		
		油田开采成本	成矿类型	
			开采程度	
			油气富集程度	

续表

风险因素		风险指标	指标细化	指标解释
油气行业	政策约束度	政策倾斜度	扶持政策	
			税收政策	
			R&D 投入情况	
		政府干预可能性		
		OPEC[1] 制约力		
中国因素	贸易密切度	双边贸易强度		
		贸易互补性		
		合作方式与深度		
	竞争力储备	技术储备		
		管理能力储备		
		行业竞争能力		

1）石油输出国组织（Organization of Petroleum Exporting Countries，OPEC）

三、地缘风险

　　影响油气资源国国家风险的外部因素主要是该国的地缘政治。地缘政治主要是指该国与我国的关系如何，与周边国家的关系如何，以及与西方国家的关系如何，这些都会直接或间接地影响我国贸易和投资的安全。油气资源国的经济风险受系统风险影响的大小主要看它与周边国家及全球经济联系的紧密程度，主要选取区域贸易一体化程度和区域能源合作密切度两个指标衡量。考察中国对该区域的政治影响力、经济影响力，侧重中国行为对该地区风险的控制能力。如果具有较高的政治、经济影响力，那么中国在该地区的油气投资、进口将具有相对较低的地缘风险。地缘风险通过 6 个定性指标加以考量，见表 4-9。

表 4-9　地缘风险指标列表

风险因素	风险指标	指标细化
地缘政治	区域冲突、战乱的可能性	与邻国关系友好度
		受所参与国际组织的影响程度
	政治势力复杂度	主要国际政治力量在该区域的博弈情况
地缘经济	区域贸易一体化程度	与主要贸易伙伴关系
	区域能源合作	
中国因素	对该区域的政治影响力系	
	对该区域的经济影响力	

第四节　目标导向型油气资源国国家风险指标遴选

不同决策者对油气资源国国家风险的理解和需求是不一样的。例如，对我国的油气企业而言，他们关注的是油气资源国的油气投资环境、油气投资风险；而站在国家能源安全的层面，决策者们关注的则是油气资源国油气供给的安全。因此，在分析油气资源国国家风险时，需要针对不同的视角对指标体系进行不同的考虑，其侧重点也不一样。对于油气资源国，主要从油气企业海外投资和国家能源安全两个视角考虑，进而分别给出一个更具针对性的指标体系。

一、油气企业海外投资视角

对于油气企业，考虑油气资源国国家风险更多的是为企业的海外投资服务。因此，站在企业的角度，油气资源国国家风险应侧重评估其油气投资的风险。

油气资源国政治风险是指油气资源国国内的政治不确定给油气投资带来损失的可能性，主要包括政局风险和政府风险。对于企业而言，在评估油气资源国国家风险时，更多关注的是被投资国的经济风险及油气行业风险。与传统的国家风险分析相似，经济、金融因素是其主要的影响因素。此外，在侧重投资的视角下，投资环境也是风险的重要影响因素。因此，宏观经济风险、国家信用风险、投资环境风险是经济风险的三大组成部分。油气资源国国家风险评估不同于传统国家风险评级，传统国家风险评级主要侧重主权风险、信用风险的评估。对于油气资源国国家风险的评估，我们更侧重于和油气行业相关的风险，见表4-10。对于企业的海外油气投资活动，主要考虑被投资国的油气资源的保障程度及产品的竞争力。

表 4-10　油气企业海外投资视角的风险评估指标体系

一级	二级	三级
政治风险	政局风险	政治稳定度
	政府风险	政府效率
		管理质量
		腐败控制
经济风险	宏观经济风险	人均GDP
		GDP增长率
		通货膨胀率
		汇率稳定性
		外国直接投资

续表

一级	二级	三级
经济风险	国家信用风险	预算余额/GDP
		经常账户余额/GDP
		外汇储备/月进口付汇
		外债规模
		债务偿付率
	投资环境风险	投资者保护
		企业进入所需成本
		最高边际税率
油气风险	资源保障度	储采比
		油气出口/总产量
	产品竞争度	油品种类
		成矿类型
		开采程度
		油气富集程度
中国因素	政治关系	政治交往频度
		中国影响力
	经贸关系	双边贸易强度
		贸易互补性
		合作方式与深度

在错综复杂的国际环境下，我国的企业要走出去到海外市场投资，还需要考虑我国与被投资国的关系，即中国对被投资国的影响。这种影响既包括政治方面的影响，也包括经济方面的影响，两者缺一不可。

二、国家能源安全视角

对于国家而言，我国是世界第二大油气消费国，能源安全是关系国家稳定发展的重要议题。与企业投资的视角不同，国家站在能源安全的角度考虑油气资源国国家风险，其侧重点是油气资源国能否持续、稳定地向我国出口油气资源。即由油气资源国的某种特定的政治、经济、金融等因素导致的油气进口国油气进口中断的可能性。

对于国家能源安全而言，油气资源国政治风险更多的是指其国内的政治不稳定给油气出口带来的不确定性。与企业的考虑不同，国家能源安全的考虑侧重在政局稳定和社会稳定两个层面。与企业投资的视角一样，国家能源安全的视角在评估油气资源国国家风险时，也需要考虑经济风险，但是侧重点不同。国家能源安全更多的是站在宏观的层面考虑风险影响因素，主要包括宏观经济风险、国家信用风险两大层面，而投资环境风险并非影响的重点（表 4-11）。油气资源是当今世界最为重要的战略资源，油气的贸易、油气的输出受错综复杂的国际政治、经济关系的制约影响。因此，在能源安全视角下，地缘风险和中国因素是油气资源国国家风险的最重要的影响因素。地缘风险主要包括政治和经济两个层面。与油气企业海外投资视角一样，能源安全视角下的油气资源国国家风险受中国因素的影响也很大。

表 4-11　国家能源安全视角的风险评估指标体系

一级	二级	三级
政治风险	政局风险	政治稳定度
	社会风险	民族紧张度
		宗教紧张度
		失业率
经济风险	宏观经济风险	人均 GDP
		GDP 增长率
	国家信用风险	外债规模
		债务偿付率
		预算余额/GDP
		经常账户余额/GDP
		外汇储备/月进口付汇
油气风险	资源保障度	储采比
		油气出口/总产量
地缘风险	地缘政治风险	与邻国关系
		与主要大国关系
	地缘经济风险	与主要贸易伙伴关系
中国因素	政治关系	政治交往频度
		中国影响力
	经贸关系	双边贸易强度
		贸易互补性
		合作方式与深度

第五节　本 章 小 结

本章首先根据地理位置将世界的油气产区或者输出区域划分为中东、非洲、亚太、欧亚大陆、北美和中南美六大地区，分别从油气资源概况、油气投资与贸易两个方面较为全面地介绍了世界主要油气资源国所在地区的概况，并立足中国海外油气利用安全，从政治与社会、经济与金融、行业与技术三个方面分析了影响我国油气进口与海外投资安全的主要国家风险因素。

　　油气资源国国家风险指标的选取研究最初以国家风险要素指标体系构建为切入点，在对主要风险因素分析的基础上，尽可能地识别出油气资源国国家风险的指标库，为定量化研究做好基础；进而，在对风险指标梳理的过程中，从企业海外投资、国家能源安全两个视角考虑，分别给出一个更具针对性的指标体系。下一章将从上述两个视角着手，结合评价方法的应用，对资源国国家风险加以进一步定量评估。

第五章　油气资源国的国家风险评估

第四章通过对油气资源国国家风险的主要因素的识别与刻画，建立了油气资源国国家风险的基础性指标库，以及两套不同目标导向型的油气资源国国家风险指标体系。本章将在此基础上构建油气资源国国家风险评估模型，并对 36 个主要油气资源国的国家风险进行评级。

第一节　国家风险评估框架

现有石油贸易与投资风险研究缺乏对影响石油贸易与投资过程中来自油气资源国本身的许多系统风险的综合评判。而无论政治风险、社会风险、文化风险还是经济风险无疑都属于国家风险的研究范畴。各类机构和学者开展的国家风险分析虽然主要目的都是通过风险识别和衡量，以决定采取回避、分散、控制等手段来管理国家风险，但是各个评级或研究的出发点不同，所以研究的对象有很大差异。例如，标准普尔、穆迪等国际评级机构的主权评级主要是信用风险的评级；各国的出口信用保险公司的国家风险评级主要为出口信用保险提供制定费率的依据；其他绝大多数的国家风险评级或研究也都是旨在对跨国投资提供依据或者研究国际债务偿付的可能性。而且，绝对多数的国家风险评级机构的评级过程是个复杂的"黑箱"过程，外界无从知晓评级的具体方法。

本书则致力于将复杂的"黑箱"过程尽可能"白箱"化，通过遴选出刻画国家风险的关键指标，构建具有高度稳定性、易读性及适用性的流程框架，实现对油气资源国国家风险的评估与对比分析。稳定性，意味着模型未知系数估计值具有较高的置信度，各变量对模型结果具有较高的解释力。易读性，意味着模型具有较好的解释性，以便于接受专家反馈。适用性，意味着模型在两套指标体系下对于高风险/低风险的油气资源国都具有较好的判别能力。国家风险评估框架流程，大致可以归纳为 5 个步骤，结合专家意见形成闭环反馈系统，如图 5-1 所示。

步骤 1，风险指标库构建及数据处理。通过对风险因素的分析，提取基础的风险度量指标，收集相关数据，并对数据进行清洗与标准化。

步骤 2，建模。通过对备选评价模型的对比分析，构建适于评估目的组合模型，从风险指标库中选取组合模型的输入变量，运行模型并将运算结果存档。

步骤 3，风险应对。对目标国的风险评估结果进行分析，在目标国风险差异化的基础上形成国家风险防范策略与政策建议。

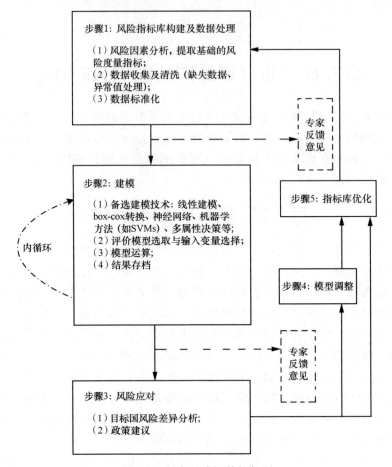

图 5-1　国家风险评估框架图

　　步骤 4，模型调整。通过对评估结果的分析，结合专家反馈意见，实现对模型的优化调整，以获取更能反映现实的评估结果。

　　步骤 5，指标库优化。结合专家反馈意见，在模型优化的基础上，考虑防范策略实施后风险承受力的增强，对指标库进行优化，使其能够动态刻画国家风险影响要素的变动情况。

第二节　评价指标遴选

　　油气资源国的国家风险评级是一个全新的视角，尚无完备的理论和研究，因此考虑到国家风险评级机构的评估指标和结果具有重叠和高度一致性，本书综合多家评级机构在政治风险和经济风险因素分析上的指标设置，根据油气贸易与投资中需要特别注重的问题，从经验入手给出油气企业海外投资视角下简化版的油气资源国国家风险评估指标体系，见表 5-1。

表 5-1　油气资源国国家风险评估指标体系

因素	指标	英文缩写
政治风险	政治稳定度	PS
	政府效力	GE
	监管质量	RQ
	腐败控制力	CC
	宗教紧张度	RT
	民族紧张度	ET
	犯罪率	CR
经济风险	人均 GDP	GDPp
	GDP 增长率	GDPg
	通货膨胀率	IF
	汇率稳定性	ER
	预算余额/GDP	BB
	经常账户余额/GDP	CA
	外汇储备/月进口付汇	FE
	外债规模	ED
	债务偿付率	DS
石油资源风险	储采比	RP
	石油出口/产量	EP

关于油气资源国的政治风险因素，本书主要从政治、政局、社会状况几个方面综合选取指标。

（1）政治稳定度（political stability）。政治稳定度应理解为一国政府的统治遭受非平稳更迭或是受到破坏或推翻的可能性。一国的政治稳定，经贸合作才可能良好的开展。

（2）政府效力（government effectiveness）。政府效力衡量的是一国政府在政策制定、执行质量和政府诚信等方面的基本状况。

（3）监管质量（regulatory quality）。监管质量是对政府鼓励私营、外资企业发展的政策法规执行和实施的情况进行的衡量。

（4）腐败控制力（control of corruption）。腐败控制力是衡量一个国家的政府对该国腐败、谋取私利等情况的控制状况。

（5）宗教紧张度（religious tensions）。宗教紧张度主要衡量一个国家的社会统治是否主要来自宗教团体。许多油气资源国是伊斯兰教国家，以教治国，给国家贸易和合作带来的变数可能性增大，所以宗教紧张度被引入对油气资源国的国家风险评估中来。

（6）民族紧张度（ethnic tensions）。民族紧张度主要是对一个国家内部由于种族、国籍或语言障碍引起的紧张程度进行的衡量。许多油气资源国都是多民族国家（如非洲地区），民族之间的冲突和融合对于国家的政治政策、政治稳定都有很大的影响。

（7）犯罪率（crime rate）。犯罪率因为直接威胁社会稳定而入选油气资源国国家风险评估体系。

关于油气资源国的经济风险因素指标，则主要从该国的宏观经济形势、国家信用等方面去考虑。

（1）人均 GDP（GDP per capita）。作为发展经济学中衡量一国经济发展状况的指标，人均 GDP 是最重要的宏观经济指标之一，是了解和把握一个国家或地区的宏观经济运行状况的最有效工具。

（2）GDP 增长率（real GDP growth）。GDP 的增长率是指 GDP 的年度增长率，是衡量一个国家宏观经济的重要观测指标之一。

（3）通货膨胀率（annual inflation rate）。通货膨胀，是一种货币现象，指货币发行量超过流通中实际所需要的货币量而引起的货币贬值现象。通货膨胀与物价上涨是不同的经济范畴，但两者又有一定的联系，通货膨胀最为直接的结果就是物价上涨。强烈的通货膨胀往往伴随有经济发展形势的恶化，也是衡量一国经济发展和金融状况的重要指标。

（4）汇率稳定性（exchange rate stability）。汇率稳定性是衡量一个国家国际竞争力的基本指标。汇率稳定将抑制一般意义上的通货膨胀，并有助于缓解资产价格上行压力、抑制热钱流入，稳定该国的经济金融发展。

（5）预算余额/GDP（budget balance as a percentage of GDP）。预算余额/GDP 衡量了一个国家创造财富的财政可持续性。

（6）经常账户余额/GDP（current account as a percentage of GDP）。经常账户余额/GDP 指在国际收支平衡表中贸易和服务而产生的资金流动余额占 GDP 的比例，衡量一个国家的合理资金流行为，同样也是观察经济运行的重要指标。

（7）外汇储备/月进口付汇（net international liquidity as months of import cover）。用外汇储备/月进口付汇来衡量国家清偿能力，是观测一个国家金融运行有无违约可能的指标。

（8）外债规模（foreign debt scale）。外债规模是衡量一个国家经济运行形势、信用风险的重要指标。

（9）债务偿付率（foreign debt service）。债务偿付率是非常重要的衡量一国金融风险的指标。

以上 9 种经济指标都是各种国家风险评级机构对国家风险评估的常用指标。无论是判断宏观经济运行的指标，还是衡量金融、信用风险的指标，都与油气资源国的国家风险息息相关。相当一部分的油气资源国是发展中国家或者不发达国家，经济社会动荡。与这些国家开展油气贸易合作与投资，必须要密切关注这些国家的经济形势，时常防范由这些国家的债务和金融危机而引起的对于其命脉石油工业企业的征收风险、违约风险，所以涉及这些国家的经济、金融、信用风险指标是本书必然要考察的对象。

需要强调的是，在立足于能源行业的背景下，度量资源国国家风险需特别引入对石油资源因素的刻画。我们所选的对象国都是石油出口或者潜在出口国家，所以可以暂时忽略对于其探明储量、产量等单方面的考虑，转而对于其储采比和石油出口占总产量的比例进行分析。

（1）储采比（reserve-production ratio）。储采比是指一个国家或地区的油田，在某年份剩余的可采储量与当年年产量的比值；储采比的大小，不仅反映了石油资源的利用程度，也直接影响石油开采年限大小，反映该国家或地区的石油出口潜力。

（2）石油出口占总产量的比例（oil export/product）。石油出口占总产量的比例可以反映该国家的出口潜力、出口政策等方面的问题。

第三节　评价对象与数据源

一、评价对象选取

目前世界上大约有 50～60 个国家或地区出产石油，但是由于多种原因，并不是每个国家都可以作为潜在的石油进口来源地。根据《BP 世界能源统计年鉴》统计的世界各国石油已探明储量、石油产量和联合国数据库关于各个国家的石油出口量 3 个指标，依次选择了以下 36 个国家作为油气资源国来分析其国家风险（这其中去掉了自身是位列前列的石油消费大国，如英国等，以及自身是石油进口大国的国家，如美国等），见表 5-2。

表 5-2　油气资源国目标国列表

地区	中东地区	非洲地区	欧亚大陆地区	中南美地区	亚太地区	北美地区
国家	沙特阿拉伯	利比亚	俄罗斯	委内瑞拉	马来西亚	加拿大
	伊朗	尼日利亚	哈萨克斯坦	巴西	越南	墨西哥
	伊拉克	安哥拉	挪威	厄瓜多尔	澳大利亚	
	科威特	阿尔及利亚	阿塞拜疆	阿根廷	印度尼西亚	

续表

地区	中东地区	非洲地区	欧亚大陆地区	中南美地区	亚太地区	北美地区
国家	阿联酋	苏丹	丹麦	哥伦比亚	文莱	
	卡塔尔	埃及		秘鲁	泰国	
	阿曼	加蓬				
	也门	刚果（布）				
	叙利亚					

二、数据源与预处理

根据拟定的油气资源国国家风险指标体系从以下数据源进行指标数据的收集整理工作。这些指标数据来源于各个不同的机构，包括一些信息服务机构提供的大量统计数据，也包括一些国际组织，如世界银行（World Bank，WB）、联合国等机构提供汇总的历史统计数据。

（1）世界发展指数（world development indicators）。

（2）世界银行（http://econ. worldbank. org）。

（3）美国能源属（http://tonto. eia. doe. gov/country/index. cfm）。

（4）BP 世界能源统计年鉴。

（5）非洲发展银行（http://www. afdb. org）。

（6）联合国贸易与发展会议（独联体国家）。

（7）*World economic situation and prospect* 2007（独联体国家）。

（8）联合国欧洲委员会数据库（独联体国家）。

（9）英国经济学家情报中心（中东及南美国家）。

（10）*Governance Matters* VII：*Aggregate and Individual Governance Indicators* 1996-2007（The World Bank）。

（11）*Country Risk Analysis，A Chronology of Important Financial，Economic and Political Events in Emerging Markets*（Geert Bekaert and Campbell R. Harvey）。

（12）中国人民共和国外交部官方网站（http://www. fmprc. gov. cn/chn/）。

考虑到数据的可获取性和完整性，本书选取了 2006 年和 2007 年的年度数据。

由于数据信息来源广泛、渠道多样，统计口径和方式会有差异，且对于国家风险的判断有正相关和负相关两种不同的影响。例如，一般认为一个国家的 GDP 增长率越高，则经济情况越好，即经济风险越低；通货膨胀率越高，则经济情况越差，即经济风险越高。所以在进行具体运算前，先将数据统一处理为 0~1 的正向数据。

对于 $i =$ 政治风险因素所有指标、石油资源风险所有指标、经济指标中的人均 GDP、GDP 增长率、预算余额/GDP、经常账户余额/GDP、国际清偿能力；k 代表各个国家，处理方法为

$$x_{ik} = \frac{X_{ik} - \min(X_i)}{\max(X_i) - \min(X_i)} \tag{5-1}$$

对于 $i =$ 通货膨胀率、汇率稳定性、外债规模、债务偿付比率；k 代表各个国家，处理方法为

$$x_{ik} = \frac{\max(X_i) - X_{ik}}{\max(X_i) - \min(X_i)} \tag{5-2}$$

通过上述处理，所有指标数据转化为 0～1 的实数，越接近 1 代表该国家在这个指标中的相对情况或位置越好；越接近 0 代表相对情况或位置越差。

第四节　评价模型选取

对于油气资源国的国家风险的评估，首先抛开石油资源指标，对指标体系中所有的政治指标、经济指标运用多种方法进行分析，并通过与 ICRG 的国家风险评级比较，找出对于国家风险判断最为有效的模型和最具有解释能力的指标。在此基础上，引入石油资源指标，与政治、经济风险中最具有解释能力的指标一起，运用上一步骤选出的最为有效的模型进行油气资源国的国家风险评估评级。模型的选取与组合模型的构建立足于这样的一个假设上：本书所选择的政治、经济指标对于国家风险的评估也应该与别的国家风险评级机构的国家风险评估具有高度的一致性。由于有监督的研究方法在具体运算时要求给出数据的目标类别，那么这个预设的国家风险类别如何选取就是关键的问题。在众多已有的国家风险评级中，有侧重信贷角度的评级，也有侧重主权角度的评级，且不少评级的结果相似度很高。在这样的前提下，考虑到可获取性，本书的研究选择了 ICRG 国家风险得分作为得到目标类别的基准数据。每月发布评级结果的 ICRG 是目前最专业、衡量范围最广的国家风险评级之一，不少学者利用 ICRG 的国家风险得分序列进行有关的国家风险分析研究，具有很高的公信度（Hoti et al.，2007；Hoti，2005；Hassan et al.，2003）。

一、传统国家风险评价模型结果

在具体运算分析前，先将 ICRG 国家风险得分的月度数据取平均数得到年度国家风险得分。然后利用聚类分析将 ICRG 年度国家风险得分分为两类：一类是相对高风险国家；一类是相对低风险国家。

（一）判别分析

首先对 2006 年的数据进行运算。判别分析时，第一步选用 ICRG 的政治风

险得分的聚类结果作为我们政治风险的分类经验值。对于政治指标，消除多重共线性，最后得到政治稳定度、监管质量、民族紧张度、犯罪率这 4 项指标，满足所有假设条件，统计显著，且试算的结果最好。判别函数为

$$y = -3.749 + 4.171PS + 0.695RQ + 0.924ET + 0.984CR \qquad (5\text{-}3)$$

判别的分界分数为 0，所以如果一个国家的判别得分为正，则被认为是相对低风险国家；如果该国家的判别得分为负，则被认为是相对高风险国家。俄罗斯、墨西哥、加蓬 3 个国家与 ICRG 的经验值不符，俄罗斯、墨西哥被判为相对高风险国家的概率分别是 0.828、0.703；加蓬被判为相对低风险国家的概率为 0.629。模型总的相似性是 91.7%。做留一个观测值的交叉验证，模型正确率是 77.8%。

选用 ICRG 的经济风险和金融风险总分的聚类结果作为我们经济数据的分类经验值。经过验证，最终人均 GDP、GDP 增长率、债务偿付率、预算余额/GDP、经常账户余额/GDP、国际清偿能力和外债规模 7 项指标进入模型。判别函数为

$$y = -3.214 + 3.976GDPp - 2.666GDPg + 1.560DS - 4.136BA$$
$$+ 5.759CA + 2.676FE + 1.331ED \qquad (5\text{-}4)$$

其中，只有俄罗斯一个国家和经验值不符，其被判为相对高风险国家的概率达到了 0.781。模型分类结果与 ICRG 的相似度同样达到了 97.2%，交叉验证的正确率为 91.7%。根据上述结果，可以认为在所有的指标中政治稳定度、监管质量、民族紧张度、犯罪率、人均 GDP、GDP 增长率、外债规模、债务偿付率、预算余额/GDP、经常账户余额/GDP 和国际清偿能力这 11 个指标的解释能力相对最强，且涵盖范围基本到位。所以用这个 11 个指标做综合的判别分析。用 ICRG 的综合国家风险得分的聚类结果作为政治风险和经济风险综合评估的分类经验值，得到的判别函数为

$$y = -3.164 + 1.597PS + 2.559RQ + 0.525ET$$
$$+ 1.852CR - 0.421GDPp - 1.067GDPg - 0.761ED$$
$$- 0.278DS + 1.028BA + 0.801CA + 2.610FE \qquad (5\text{-}5)$$

其中，墨西哥和阿根廷两个国家与经验值不符，被判为高风险国家的概率分别达到了 0.834 和 0.682，模型分类结果与 ICRG 的相似性达到了 94.4%。交叉验证的正确率为 66.7%，总的来说判别分析的结果还是比较好的。但是由于数据有限，判别分析在自训自测的过程中，过拟合问题比较严重。为了保证 2006 年和 2007 年的国家风险评估有相同的数据基础，结果有可比较性，将 2007 年的数据在相同的指标选择下进行判别分析，并和 ICRG 的评级结果进行比较。判别函数为

$$y = -4.372 - 0.156PS + 3.035RQ + 0.288ET + 2.905CR$$
$$+ 0.152GDPp - 2.072GDPg + 0.309ED + 1.056DS$$
$$+ 1.376BA + 0.849CA + 2.577FE \qquad (5\text{-}6)$$

其中，仅墨西哥和 ICRG 的评级聚类结果有出入，被评为高风险国家，总体结果和 ICRG 的相似度达到了 97.2%，交叉验证正确率为 91.7%。根据 2006 年和 2007 年的结果来看，入选的国家风险要素指标具有很好的解释能力和适应性。

(二) Logit 模型

利用 Logit 模型实现对国家风险的量化评估。通过多次试验发现选用政治稳定度、监管质量、预算余额/GDP 和国际清偿能力这 4 个变量，可达到相对较好的风险分类结果。所利用的 Logit 模型为

$$P = \frac{e^{17.838-13.582PS-11.471RQ-10.883BA-12.214FE}}{1+e^{17.838-13.582PS-11.471RQ-10.883BA-12.214FE}} \tag{5-7}$$

对拟合函数做 Hosmer-Lemeshow 拟合度检验，p 值为 0.857，大于 0.05，表示模型估计拟合程度在可接受的水平内。对于 Logit 模型来讲，若某个国家的计算结果，概率值超过 0.5，将会被判为高风险国家，反之为低风险国家。与 ICRG 评级结果略有出入的国家有以下 4 个。巴西的概率值为 0.437，加蓬的概率值为 0.173，被判为低风险国家；墨西哥的概率值达到 0.671，阿根廷的概率值为 0.548，被判为高风险国家。Logit 模型结果与 ICRG 综合国家风险得分的相似度为 88.9%。以相同数据基础对 2007 年的国家风险进行评估，所得到的拟合函数为

$$P = \frac{e^{14.577-5.708PS-14.610RQ-11.155BA-3.702FE}}{1+e^{14.577-5.708PS-14.610RQ-11.155BA-3.702FE}} \tag{5-8}$$

对拟合函数做 Hosmer-Lemeshow 拟合度检验，p 值为 0.995，大于 0.05，表示模型估计拟合程度在可接受的水平内。与 ICRG 的综合国家风险得分进行比较，有 4 个国家和 ICRG 的评级聚类结果有出入。秘鲁的概率值为 0.367，加蓬的概率值为 0.473，被判为低风险国家；俄罗斯的概率值达到 0.906，墨西哥的概率为 0.508，被判为高风险国家。Logit 模型结果与 ICRG 的风险综合国家得分相似度同样为 88.9%。

(三) SVM

人工神经网络模型对于样本量有比较高的要求，而 SVM 更适于小样本的分类问题 (Chen et al.，2004)，所以在此直接采用了 SVM 模型对样本国进行国家风险评估分类。利用 LibSVM 软件包，使用 RBF 核函数，训练过程中使用了 LibSVM 提供的 grid.py 工具搜索参数的最优值 (cost 参数与 RBF 函数中的 gama 参数)，cost=32，gama=0.007 812 5。所有指标都进入运算，2006 年的评估分类结果有 5 个国家与 ICRG 经验值不符，阿尔及利亚、俄罗斯、哈萨克斯坦、墨西哥、阿根廷均被判为高风险国家。SVM 模型的判定结果与 ICRG 的相似性为 86.1%；36 重交叉验证的正确率同样是 86.1%。2007 年的评估分类结果与 ICRG 经验值进行比较，仅有俄罗斯被判为高风险国家，相似度为 97.2%；交叉验证的结果为 94.4%。

（四）PCA-DA 模型、PCA-Logit 模型和 PCA-SVM 模型[①]

主成分分析是比较常用的国家风险分析方法。通过主成分分析可以把原来的许多的自变量综合成少数几个综合指标，综合指标是原来指标的线性组合，因此能够反映原来的指标信息，简化对复杂问题的研究。使用主成分分析方法关键的一点就是能够给综合指标赋予合理的解释。

由于所选择的 16 个政治和经济风险因素指标，存在比较严重的共线性，在此使用了主成分方法处理众多的指标，以期得到新的综合指标，最大限度合理地反映原来指标的特点和信息。在具体处理时，将单独对政治指标和经济指标提取主成分。首先对 2006 年的政治指标提取特征根大于 1 的主成分，得到了两个主成分，即两个新的综合指标，这两个新的综合指标集中了原始变量信息的 80.6%，公式为

$$PCAP_{1,2006} = \sqrt{4.623} \times (0.195PS + 0.203GE + 0.195RQ + 0.201CC$$
$$+ 0.1ET + 0.132RT + 0.176CR) \tag{5-9}$$

$$PCAP_{2,2006} = \sqrt{1.016} \times (0.192PS - 0.281GE - 0.289RQ - 0.255CC$$
$$+ 0.775ET + 0.346RT + 0.023CR) \tag{5-10}$$

可以看出第一主成分在多个方面的表现都比较平均，可以理解为对于宏观的政治社会状况的判断；第二主成分更加突出民族关系、宗教关系方面的衡量。对经济指标保留特征根大于 1 和接近 1 的主成分，得到 5 个主成分，分别为

$$PCAE_{1,2006} = \sqrt{2.651} \times (0.115GDPp - 0.072GDPg + 0.146IF$$
$$+ 0.104ES + 0.141ED + 0.173DS + 0.335BA$$
$$+ 0.333CA + 0.232FE) \tag{5-11}$$

$$PCAE_{2,2006} = \sqrt{1.607} \times (0.499GDPp - 0.237GDPg$$
$$+ 0.019IF + 0.309ES - 0.389ED + 0.085DS$$
$$- 0.003BA - 0.032CA - 0.249FE) \tag{5-12}$$

$$PCAE_{3,2006} = \sqrt{1.321} \times (-0.030GDPp + 0.403GDPg$$
$$- 0.216IF + 0.305ES + 0.248ED + 0.509DS - 0.165BA$$
$$+ 0.107CA - 0.308FE) \tag{5-13}$$

$$PCAE_{4,2006} = \sqrt{0.993} \times (0.233GDPp + 0.387GDPg$$
$$+ 0.805IF - 0.222ES + 0.104ED - 0.058DS$$
$$- 0.055BA - 0.033CA - 0.296FE) \tag{5-14}$$

[①] PCA-DA 表示主成分分析与判断分析结合，PCA-Logit 表示主成分分析与 Logit 分析结合，PCA-SVM 表示主成分分析与 SVM 分析结合。

$$PCAE_{5,2006} = \sqrt{0.859} \times (0.261GDPp + 0.529GDPg - 0.292IF$$
$$- 0.540ES - 0.525ED + 0.253DS + 0.212BA$$
$$+ 0.037CA + 0.230FE) \qquad (5-15)$$

根据结果判断，第一主成分在预算余额/GDP、经常账户余额/GDP 上占的份额比较大；第二主成分在人均 GDP、汇率稳定性、国际清偿能力上的比重比较大，体现了一国的经济金融基本状况；第三主成分更多体现了债务偿付率等指标，说明了一国的国家信用状况；第四主成分更多地表现了通货膨胀率；第五主成分主要表现了 GDP 增长率、外债规模、汇率稳定性，衡量一国的宏观经济形势。这 5 个主成分对于原始变量的信息包含了 82.57%。对 2007 年的政治指标提取特征根大于 1 的主成分，得到了 2 个主成分，集中了原始变量信息的 81.293%，公式为

$$PCAP_{1,2007} = \sqrt{4.637} \times (0.194PS + 0.200GE + 0.196RQ + 0.199CC$$
$$+ 0.103ET + 0.140RT + 0.173CR) \qquad (5-16)$$

$$PCAP_{2,2007} = \sqrt{1.054} \times (0.210PS - 0.271GE - 0.263RQ - 0.240CC$$
$$+ 0.735ET + 0.392RT - 0.103CR) \qquad (5-17)$$

类似的，第一主成分同样更全面地表现了一国的政治社会状况，第二主成分更多地体现了民族和宗教关系。对经济指标保留特征根大于 1 和接近 1 的主成分，得到 5 个主成分，分别为

$$PCAE_{1,2007} = \sqrt{2.648} \times (0.201GDPp - 0.095GDPg + 0.192IF$$
$$+ 0.014ES + 0.207ED + 0.162DS + 0.330BA$$
$$+ 0.297CA + 0.157FE) \qquad (5-18)$$

$$PCAE_{2,2007} = \sqrt{1.447} \times (-0.436GDPp + 0.270GDPg - 0.106IF$$
$$+ 0.387ES + 0.316ED - 0.188DS + 0.011BA$$
$$+ 0.122CA + 0.341FE) \qquad (5-19)$$

$$PCAE_{3,2007} = \sqrt{1.350} \times (-0.009GDPp + 0.369GDPg - 0.420IF$$
$$- 0.213ES + 0.117ED + 0.539DS - 0.139BA$$
$$+ 0.228CA - 0.081FE) \qquad (5-20)$$

$$PCAE_{4,2007} = \sqrt{0.968} \times (0.125GDPp + 0.040GDPg + 0.101IF$$
$$+ 0.703ES + 0.070ED + 0.134DS - 0.071BA$$
$$+ 0.146CA - 0.680FE) \qquad (5-21)$$

$$PCAE_{5,2007} = \sqrt{0.876} \times (0.130GDPp + 0.727GDPg + 0.581IF$$
$$- 0.280ES + 0.280ED - 0.158DS - 0.021BA$$
$$- 0.208CA - 0.181FE) \qquad (5-22)$$

根据结果判断，第一主成分在预算余额/GDP、经常账户余额/GDP 上占的

份额比较大；第二主成分在人均 GDP、汇率稳定性、外债规模和国际清偿能力上的比重比较大，体现了一国的宏观经济金融状况；第三主成分更多体现了债务偿付率等指标，说明了一国的国家信用状况；第四主成分更多地表现了汇率稳定性和国际清偿能力，体现了一国的外汇市场能力；第五主成分主要表现了 GDP增长率和通货膨胀率，衡量了一国的宏观经济发展和形势。这 5 个主成分对于原始变量的信息包含了 80.989%。

根据 2006 年和 2007 年主成分分析提取结果，采用 DA 模型、Logit 模型和 SVM 模型来具体实现国家风险的评估分类。

首先，2006 年数据使用判别分析时，代入全部 7 个主成分，得到的判别函数为

$$y_{06} = 0.811PCAP_{1,06} + 0.033PCAP_{2,06} + 0.361PCAE_{1,06} - 0.247PCAE_{2,06}$$
$$- 0.183PCAE_{3,06} - 0.590PCAE_{4,06} + 0.228PCAE_{5,06} \tag{5-23}$$

只有哈萨克斯坦和墨西哥两个国家与 ICRG 经验值不符，被判为高风险国家的概率分别达到 0.646 和 0.852。相似率为 94.4%，交叉验证率为 80.6%。判别效果优于单独使用判别分析模型。

其次，对 2007 年数据使用判别分析，代入全部 7 个主成分，得到的判别函数为

$$y_{07} = 0.746PCAP_{1,07} - 0.513PCAP_{2,07} + 0.523PCAE_{1,07} + 0.325PCAE_{2,07}$$
$$- 0.044PCAE_{3,07} - 0.048PCAE_{4,07} - 0.636PCAE_{5,07} \tag{5-24}$$

只有俄罗斯与 ICRG 经验值不符，其被判为高风险国家的概率达到了 0.837。判别效果优于单独使用 DA 模型。相似率为 97.2%，交叉验证率为 91.7%。

最后，对 2006 年主成分使用 Logit 模型，最终 PCAP$_1$ 和 PCAE$_1$、PEAM$_3$进入方程。2006 年模型为

$$P = \frac{e^{-1.361 - 5.086PCAP1,06 - 2.045PCAE1,06 + 0.893PCAE3,06}}{1 + e^{-1.361 - 5.086PCAP1,06 - 2.045PCAE1,06 + 0.893PCAE3,06}} \tag{5-25}$$

做 Hosmer-Lemeshow 拟合度检验，p 值为 1，模型拟合度在可以接受的范围内。与 ICRG 经验值差异较大的有 4 个国家。加蓬的概率值为 0.240，巴西的概率值为 0.398，被判为低风险国家；俄罗斯的概率值为 0.522，哈萨克斯坦的概率值为 0.675，被判为高风险国家。与 PCA-DA 模型相比，PCA-Logit 模型的结果不令人满意。对 2007 年主成分数据运用 Logit 模型，可得

$$P = \frac{e^{-0.631 - 4.660PCAP1,07 - 3.013PCAE1,07 - 0.250PCAE3,07}}{1 + e^{-0.631 - 4.660PCAP1,07 - 3.013PCAE1,07 - 0.250PCAE3,07}} \tag{5-26}$$

与 ICRG 的经验值存在差异的有两个国家。俄罗斯被判为高风险国家，加蓬被判为低风险国家。相似度为 94.4%，交叉验证率为 66.7%。

利用 PCA 模型得到的主成分作为输入变量代入 SVM 模型时：2006 年的参数最优值 cost=32，gama=0.5，俄罗斯和墨西哥与 ICRG 经验值不符被判为高

风险国家，相似度为 94.4％，交叉验证正确率为 88.9％；2007 年的参数最优值 cost＝2，gama＝2，俄罗斯被判为高风险国家，相似度为 97.2％，交叉验证正确率为 94.4％。

二、多模型比较

运用上述多个模型对 2006 年和 2007 年的油气资源国国家风险进行比较后，可得到各个模型的判别能力。各模型结果和 ICRG 分类结果的相似度见表 5-3。

表 5-3　模型判别能力　　　　　　　　　　　　　　单位：%

年份	项目	DA 模型	Logit 模型	SVM 模型	PCA-DA 模型	PCA-Logit 模型	PCA-SVM 模型
2006	相似度结果	94.4	88.9	86.1	94.4	88.9	94.4
	交叉验证结果	66.7		86.1	80.6		88.9
2007	相似度结果	97.2	88.9	91.7	97.2	94.4	97.2
	交叉验证结果	91.7		94.4	91.7		94.4

从表 5-3 可知，针对国家风险评估所做的各种尝试中，PCA-DA 模型和 PCA-SVM 模型，这两种模型的结果明显好于其他方法，但是 PCA-DA 模型过度拟合问题较 PCA-SVM 模型要严重。而在运用各种模型做分析评估时，选用的指标有所不同，见表 5-4。

表 5-4　各模型入选指标

DA 模型	Logit 模型	SVM 模型	PCA-DA 模型	PCA-Logit 模型	PCA-SVM 模型
政治稳定度	政治稳定度			政治主成分 1	
监管质量					
民族紧张度					
犯罪率					
人均 GDP		所有指数	所有主成分	政治主成分 2	所有主成分
外债规模				政治主成分 3	
债务偿付率					
预算余额/GDP	预算余额/GDP				
经常账户余额/GDP					
国际清偿能力	国际清偿能力				

由表 5-4 可知，单纯使用的模型中，Logit 模型对指标信息的损失最大；而 SVM 模型使用了所有的变量。混合模型中，先期提取了主成分，所以每个指标都有所贡献，只是大小不同。因此相对于单一的模型，混合模型在指标选取

上的说服力更强。综合来看，就单一指标来说：政治稳定度、监管质量、预算余额/GDP、国际清偿能力等指标的解释能力相对最强，对各类模型的贡献都很大。

在具体评估国家风险时，本书采用的策略是与 ICRG 的综合国家风险得分聚类结果进行比较，多个模型中都或多或少有国家与经验值不符。究其原因，ICRG 作为一个更综合的国家风险评级，涵盖了政治、经济、金融等多个方面的 22 个子因素；而我们的目的，仅仅是从与油气资源国进行油气贸易与投资的角度选取指标对油气资源国的国家风险进行衡量，角度不同，结果自然不尽相同。在各类模型中与 ICRG 的评级结果不相同的国家，见表 5-5。

表 5-5　与 ICRG 评级结果不一致的国家

模型	DA 模型	Logit 模型	SVM 模型	PCA-DA 模型	PCA-Logit 模型	PCA-SVM 模型
2006 年 高风险	墨西哥 阿根廷	墨西哥 阿根廷	墨西哥 阿根廷 俄罗斯 哈萨克斯坦 阿尔及利亚	墨西哥 哈萨克斯坦	俄罗斯 哈萨克斯坦	墨西哥 俄罗斯
2006 年 低风险		巴西 加蓬			巴西 加蓬	
2007 年 高风险	墨西哥	墨西哥 俄罗斯	俄罗斯	俄罗斯	俄罗斯	俄罗斯
2007 年 低风险		秘鲁 加蓬		加蓬		

由表 5-5 可知，和 ICRG 的结果一个明显的不同是：本书基本上都将墨西哥、俄罗斯归为了相对高风险的国家。结合 36 个样本国来看，墨西哥和俄罗斯在政治因素、宏观经济因素等多个方面，的确处于一个比较差的位置。所以针对油气资源国所涉及的政治和经济风险，这两个国家被判为高风险国家是基本合理的。

三、选取组合模型

通过运算和分析，对于选取的政治指标和经济指标，即不包括石油资源因素的指标在运用 PCA-DA 模型和 PCA-SVM 模型进行国家风险评估中得到的相对较好的分类效果。虽然由于样本量和数据集的问题，我们的模型在判别结果时只能采取自训自测，不可避免会存在过度拟合的问题。但是根据交叉验证的结果显示，PCA-DA 模型对于数据的过拟合问题较 PCA-SVM 模型严重，即

PCA-SVM 模型对于基于指标数据集上的国家风险判断应是最为准确的。然而运用 PCA 和 SVM 方法结合的模型，一直是人们讨论的话题。原因在于，不少学者认为 PCA 和 SVM 都是可以自动抓取特征，以及对特征赋予权重，那么 SVM 本身具备了这个过程就可以不需要用 PCA 对于数据做预处理。但是也有不少文章的作者用 PCA-SVM 模型确实得到了比单纯使用 SVM 模型更好的结果（Noori et al.，2008）。因为在原始数据存在多重共线性的情况下，对数据使用 PCA 模型可以事先清除多重共线性和数据间的强相关性，这样再代入到 SVM 模型中，会有更好的结果。在上述研究中，政治、经济指标之间往往存在多重共线性和高度相关的问题，才会使得使用 PCA-SVM 模型的结果要好于别的模型。

综上所述，本书在对油气资源国的国家风险进行评估分类时，最终选用了 PCA-SVM 模型。显然，单纯进行分类无法区分同一类别中国家之间的国家风险孰大孰小，为了能够根据 PCA-SVM 模型的判决结果对所有国家按照风险大小进行排序，研究采用了 SVM 概率估计模型，给出了每个国家属于每一类别的概率。当然，在分类时，每个国家的对应类别是其概率最大的那个类别。在这里我们简要介绍 LibSVM 模型[①]中概率估计的实现，更详细的介绍见 Platt（1999）、Chang 和 Lin（2001）以及 Wu 等（2004）。

在二分类情况下，对于任意国家 x，二分类 SVM 模型计算出决策函数 $f(x)$，然后根据 $f(x)$［sgn(v) 为符号函数］判断其类别 $y \in \{+1, -1\}$。Platt（1999）提出了一种用 Sigmoid 函数来近似二分类后验概率的方法，用公式表示为

$$P(y=1 \mid x) \approx P_{a, b}(f(x)) \equiv \frac{1}{1 + \exp(af(x) + b)} \tag{5-27}$$

参数 a 和 b 的最优值可以通过解一个正则化极大似然问题得到，公式为

$$\min_{a, b} \left\{ -\sum_{i=1}^{n} t_i \log(p_i^*) + (1 - t_i) \log(1 - p_i^*) \right\} \tag{5-28}$$

其中，n 为训练样本的个数，令 x_i 表示第 i 个样本，$p_i^* = P_{a, b}(f(x_i))$，令 n_+ 表示属于 $+1$ 类的训练样本个数，n_- 表示属于 -1 类的个数，其中

$$t_i = \begin{cases} \dfrac{n_+ + 1}{n_+ + 2}, & \text{如果 } y_i = +1 \\[2mm] \dfrac{1}{n_- + 2}, & \text{如果 } y_i = -1 \end{cases} \tag{5-29}$$

其中，$i = 1, 2, \cdots, n$。假定国家风险可以分为 k 类，对于任意一个国家的特征向量 $\boldsymbol{x}$，即指标向量，需要估计其属于第 i 类的后验概率 $p_i = (y = i \mid x)$，$i = 1$，

---

① 具体内容参见：http://www.csie.ntu.edu.tw/~cjlin/libsvm/.

2，…，k。为此，首先用上面的方法估计只考虑二分类时的后验概率 $r_{ij} \approx P(y=i \mid y=i \, or \, j，x)$，然后根据所有这些 r_{ij}，用 Wu 等（2004）提出的优化模型计算 p_i，公式为

$$\min_P \frac{1}{2} \sum_{i=1}^{k} \sum_{j \neq i} (r_{ji} p_i - r_{ij} p_j)^2$$

$$\text{s.t.} \quad \sum_{i=1}^{k} p_i = 1, \quad p_i \geqslant 0, \quad \forall i=1, 2, \cdots, k \tag{5-30}$$

这样就得到了国家 x 的后验概率分布 $p=(p_1, p_2, \cdots, p_k)$。由于基于概率的 SVM 模型给出了每一个国家属于任何一类的概率，进而可以实现对国家风险的 5 分类划分，公式为

$$y = \sum_{i=1}^{5} i p_i \tag{5-31}$$

其中，i 为第 i 类；p_i 为该国家属于第 i 类的概率；$i=1$ 是第一类，为低风险国家，以此类推，$i=5$ 为高风险国家。

在对油气资源国的国家风险评估时，同样使用 ICRG 中的综合国家风险得分的分类结果作为预设经验值。ICRG 对于国家风险的评估分为 5 级：80 分及以上为低风险国家；70~79 分是较低风险国家；60~69 分是一般风险国家；50~59 分是较高风险国家；0~49 分是高风险国家。根据这一标准，将 36 个国家分为 5 类作为预设值。接下来研究将 2 个政治主成分和 5 个经济主成分，以及 2 个石油资源指标代入 SVM 模型中去，进行 5 分类的风险判别可得到 2006 年和 2007 年的油气资源国国家风险的分类结果。

第五节　评　价　结　果

一、油气资源国总量国家风险评估

通过运算，2006 年和 2007 年两年所有国家都被判到了低风险、较低风险和一般风险 3 类中，而没有国家被判为较高风险和高风险国家。所以本节在描述油气资源国的国家风险评级分类时，重新将其分为 3 类：最好的一类称为低风险国家，居中的一类称为一般风险国家，而相对较差的一类称为高风险国家，见表5-6~表 5-9。

表 5-6　油气资源国国家风险评级（2006 年）

3. 高风险		2. 一般风险		1. 低风险	
国家	分值	国家	分值	国家	分值
哥伦比亚	2.592	马来西亚	1.909	丹麦	1.244

续表

3. 高风险		2. 一般风险		1. 低风险	
国家	分值	国家	分值	国家	分值
叙利亚	2.594	阿尔及利亚	2.263	挪威	1.283
埃及	2.604	墨西哥	2.269	文莱	1.295
印度尼西亚	2.650	加蓬	2.332	加拿大	1.339
厄瓜多尔	2.665	秘鲁	2.349	澳大利亚	1.366
尼日利亚	2.669	俄罗斯	2.369	科威特	1.430
安哥拉	2.676	泰国	2.409	阿曼	1.589
刚果（布）	2.683	越南	2.435	阿联酋	1.624
也门	2.729	哈萨克斯坦	2.457	卡塔尔	1.740
苏丹	2.795	委内瑞拉	2.458	利比亚	1.774
伊拉克	3.046	巴西	2.463	沙特阿拉伯	1.774
		阿塞拜疆	2.463		
		伊朗	2.584		
		阿根廷	2.589		

表 5-7 油气资源国国家风险评级 （2007 年）

3. 高风险		2. 一般风险		1. 低风险	
国家	分值	国家	分值	国家	分值
叙利亚	2.729	加蓬	2.076	文莱	1.248
埃及	2.753	阿尔及利亚	2.171	挪威	1.328
厄瓜多尔	2.754	越南	2.199	丹麦	1.381
泰国	2.779	阿塞拜疆	2.224	科威特	1.549
刚果（布）	2.835	墨西哥	2.231	阿曼	1.561
尼日利亚	2.836	秘鲁	2.277	加拿大	1.570
委内瑞拉	2.873	俄罗斯	2.287	阿联酋	1.624
也门	2.951	阿根廷	2.327	澳大利亚	1.656
印度尼西亚	2.974	哥伦比亚	2.350	利比亚	1.770
伊朗	3.025	巴西	2.351	沙特阿拉伯	1.777
苏丹	3.099	安哥拉	2.369	卡塔尔	1.785
伊拉克	3.232	哈萨克斯坦	2.401	马来西亚	1.876

表 5-8　ICRG 国家风险评级（2006 年）

5. 高风险		4. 较高风险		3. 一般风险		2. 较低风险		1. 低风险	
国家	分值	国家	分值	国家	分值	国家	分值	国家	分值
伊拉克	48	苏丹	57	委内瑞拉	69	俄罗斯	79	挪威	92
				埃及	69	阿尔及利亚	78	文莱	89
				也门	69	墨西哥	76	科威特	86
				安哥拉	68	哈萨克斯坦	76	丹麦	85
				叙利亚	67	阿根廷	75	加拿大	85
				印度尼西亚	67	加蓬	74	阿联酋	85
				哥伦比亚	66	越南	72	阿曼	83
				尼日利亚	66	伊朗	72	澳大利亚	82
				刚果（布）	66	秘鲁	71	沙特阿拉伯	82
				厄瓜多尔	64	巴西	71	利比亚	81
						阿塞拜疆	71	卡塔尔	80
						泰国	70	马来西亚	80

表 5-9　ICRG 国家风险评级（2007 年）

5. 高风险		4. 较高风险		3. 一般风险		2. 较低风险		1. 低风险	
国家	分值	国家	分值	国家	分值	国家	分值	国家	分值
伊拉克	48	苏丹	56	埃及	69	卡塔尔	79	挪威	92
				印度尼西亚	69	阿尔及利亚	78	文莱	89
				泰国	68	墨西哥	78	丹麦	86
				刚果（布）	68	俄罗斯	78	科威特	86
				委内瑞拉	68	阿根廷	75	加拿大	85
				伊朗	68	加蓬	74	阿联酋	85
				哥伦比亚	66	哈萨克斯坦	74	阿曼	84
				叙利亚	66	阿塞拜疆	73	澳大利亚	82
				厄瓜多尔	66	秘鲁	73	利比亚	81
				尼日利亚	66	越南	72	沙特阿拉伯	81
				也门	65	巴西	72	马来西亚	81
						安哥拉	70		

　　以 2006 年评估结果为例，根据 ICRG 分类预设的第 4 类较高风险国家苏丹和第 5 类高风险国家伊拉克（表 5-8），在新的分类中都被归为了第 3 类高风险国家，即和刚果（布）、也门等国家归为一类；ICRG 分类预设的第 3 类一般风险国

家委内瑞拉，在新的分类中被归为了第 2 类较高风险国家，并且名次有所上升；ICRG 分类预设的第 1 类低风险国家马来西亚，在新的分类中被归为了第 2 类一般风险国家。传统意义上的绝对高风险国家苏丹和伊拉克，在油气资源国国家风险分类中拉近了与其他风险相对高的国家的距离，这一现象源自这两个国家良好的石油资源条件，特别是伊拉克在石油资源上有极为突出的优势，降低了该国从油气资源角度出发的整体国家风险。而整体国家风险降低的委内瑞拉，也同样得益于该国的石油资源优势和出口政策。然而，马来西亚作为传统意义上的低风险国家，在油气资源国的国家风险评估中，风险上升，则是由石油资源相对劣势，减少原油出口导致的。另外，得益于石油资源因素的优势，和传统国家风险评级结果相比排序有所上升的还包括阿曼、卡塔尔等国家；而由于石油资源因素的相对劣势排序走低的包括阿根廷、泰国等国家。这种影响是不可避免的。

　　以上这些国家的明显变化，都验证了本书对油气资源国的国家风险的评估区别于以往传统意义上的国家风险评估，体现了"油"的因素对于一般意义国家风险的调整。低风险的油气资源国大多分布在北美、亚太、欧亚地区，还包括中东地区一些情况较好的国家；欧亚大陆和中南美地区的大部分国家都属于国家风险一般的国家。目前，我国已经努力和中南美地区的国家开展能源合作，对与苏联地区的能源合作更是不断加深。国家风险相对较高的地区包括了非洲的大部分国家，还有中东和亚太地区的一部分国家以及中南美洲的一小部分国家。

二、油气资源国要素类风险评估

（一）政治风险评级

　　在对世界主要的油气资源国的国家风险进行整体评估的基础上，进一步对各国的政治风险进行评述，以达到进一步剖析油气资源国的国家风险，有针对地规避风险的目的。

　　在第四节对国家风险政治指标所提取的两个主成分中，第一主成分中所有指标的系数均为正，且各指标贡献相当，可以认为其代表了一国的政治社会整体情况。根据第一主成分的判别得分将 36 个国家分为 3 类，见表 5-10。

表 5-10　油气资源国政治风险（2006 年）

风险类别	国家
低风险	丹麦、挪威、加拿大、澳大利亚、文莱、卡塔尔、阿曼、阿联酋、科威特、马来西亚
一般风险	沙特阿拉伯、阿根廷、墨西哥、哈萨克斯坦、巴西、越南、秘鲁、利比亚、加蓬、埃及、俄罗斯、哥伦比亚、阿塞拜疆、叙利亚、委内瑞拉、泰国、阿尔及利亚
高风险	厄瓜多尔、也门、安哥拉、伊朗、印度尼西亚、刚果（布）、尼日利亚、苏丹、伊拉克

　　从表 5-11 可以看到两年的变化，除了极个别国家外，基本上各个油气资源

国的政治风险分类没有什么变化。政治风险高的国家大多是一些伊斯兰国家，另外还有中南美洲地区的不稳定国家。但是，中东地区的一些富裕的伊斯兰国家却是政治风险相对较低的国家，这也是由于油气资源国的国家风险政治因素指标选取中，更多地倾向于选择与油气贸易相关的政治因素，而并非完全意义上的政治风险涵盖的各个方面。

表 5-11　油气资源国政治风险（2007 年）

风险类别	国家
低风险	丹麦、挪威、加拿大、澳大利亚、文莱、卡塔尔、阿联酋、阿曼、科威特
一般风险	马来西亚、沙特阿拉伯、阿根廷、哈萨克斯坦、墨西哥、越南、巴西、秘鲁、利比亚、俄罗斯、加蓬、埃及、哥伦比亚、阿塞拜疆、叙利亚、阿尔及利亚、泰国
高风险	厄瓜多尔、安哥拉、也门、伊朗、印度尼西亚、委内瑞拉、、刚果（布）、尼日利亚、苏丹、伊拉克

（二）经济风险评级

对于经济风险的评估，运用 PCA-SVM 模型，将 5 个经济主成分代入，运用 ICRG 的经济和金融风险得分的平均值分 3 类做预设值，得到的结果见表 5-12。

表 5-12　油气资源国经济风险（2006 年）

风险类别	国家
低风险	沙特阿拉伯、科威特、阿联酋、委内瑞拉、阿尔及利亚、利比亚、尼日利亚、俄罗斯、阿曼、挪威、丹麦、加蓬、、刚果（布）、文莱
一般风险	伊朗、卡塔尔、安哥拉、哈萨克斯坦、加拿大、阿塞拜疆、澳大利亚、秘鲁、泰国、马来西亚
高风险	伊拉克、印度尼西亚、苏丹、也门、巴西、越南、墨西哥、埃及、阿根廷、哥伦比亚、厄瓜多尔、叙利亚

从表 5-13 可以看到，一个国家的经济风险评级和其政治风险评级还是有差别的。不少国家虽然政治风险不是很低，但是经济风险要相对好很多，如俄罗斯、沙特阿拉伯等国。而另外一些国家如巴西、墨西哥等国政治风险相对较小，可是，由于该国家内部的经济、金融形势较差，经济风险很高。

表 5-13　油气资源国经济风险（2007 年）

风险类别	国家
低风险	沙特阿拉伯、科威特、阿联酋、委内瑞拉、卡塔尔、阿尔及利亚、利比亚、尼日利亚、俄罗斯、阿曼、挪威、丹麦、加蓬、、刚果（布）、文莱

续表

风险类别	国家
一般风险	伊朗、印度尼西亚、安哥拉、哈萨克斯坦、加拿大、阿塞拜疆、澳大利亚、秘鲁、泰国、马来西亚
高风险	伊拉克、苏丹、也门、巴西、越南、墨西哥、埃及、阿根廷、哥伦比亚、厄瓜多尔、叙利亚

第六节　本 章 小 结

在综合考虑各个评级机构评估指标的基础上，建立了油气资源国国家风险评估指标体系。首先，基于体系中的政治指标和经济指标，运用多种方法运算比较，找出了最适合这一问题的定量评估模型。其次，引入石油资源指标，并和政治、经济指标一起，运用 PAC-SVM 模型对 36 个主要的油气资源国的国家风险进行评估分类。最后，给出了这些国家的国家风险子类风险的评级状况。根据结果，可以看到本书对于油气资源国的国家风险评级突出了石油资源的特征，结果更加符合油气贸易与投资背景下国家风险的实际情况。

需要特别指出的是，在考虑油气资源国的国家风险如何规避时，不应一概而论，还应该具体观察这个国家的政治、经济等的具体风险情况，做到有的放矢。

第六章　基于核回归灰色马尔可夫模型的资源国国家风险短期预测

本书给出了油气资源国的国家风险评估模型及评级分类结果，但是我们的国家风险评估和众多的国家风险评级机构一样仅是在对当期国家风险各个因素指标综合衡量的基础上给出的当期国家风险评级。然而未来一期或者几期的国家风险究竟会有怎么样的变化和走势，可能是人们更加关注的方面。例如，在已知当期油气资源国的国家风险状况作为借鉴时，如果能对未来一期或者多期的国家风险给出估计，必然会对油气进口国带来更大的便利，方便这些国家对未来的贸易与投资进行决策。

为了简化预测的过程，本书提出利用国家风险得分历史数据直接对未来的国家风险进行基于时间序列的预测方法，第六章和第七章分别给出了两种预测策略。第六章针对国家风险得分具有不确定性和小样本性，运用核回归灰色马尔可夫模型进行预测；第七章针对国家风险的复杂性，基于分解集成的思想对国家风险进行预测。

本章第一节简要总结了国家风险一般预测方法的特点，第二节构建了核回归马尔可夫预测模型，第三节对国家风险预测的实证结果进行分析，第四节总结本章主要内容。

第一节　国家风险预测的一般方法

目前众多的研究者或者评级机构关于国家风险的研究，大多是根据当前的政治、经济、社会等方面的大量具体指标信息评估出该期的国家风险状况，只有少数机构对未来一定时期内的国家风险状况进行了预测。根据 Howell（2001）的研究，这些国家风险评级的预测方法大致可以分为以下三类。

（1）只考虑一个国家当前的状况并且假定当前的特征与未来出现的状况之间存在关联，用当前的情况预计未来的情况。

（2）同样是对刻画一个国家状况的一系列因素进行分析，但是，有别于第一类的是通过专家来预测这些因素将来的水平，再进行汇总，ICRG 的 18 个月和 5 年期评分。

（3）不直接预测具体标准的未来结果，而是从预测未来掌权的政府（governments in power）着手，基于预定义的因素来预测对各种可能出现的情况的影响。

我们知道，评级机构对国家风险的预测方法和评估过程是复杂和烦琐的，不仅用到的指标体系相当庞大，且内部评测需要收集大量的相关指标数据，工作量大且耗时长；那么能否抛开复杂的评估过程，借助某一公信度高的评级结果序列本身直接对未来的国家风险大小进行基于时间序列的预测？

众所周知，国家风险性质的复杂性、诱发因素的多样性和易变性导致了国家风险的预测具有相当大的难度。然而，这并不代表国家风险就无法预测。诚然，国家风险受突发因素的影响较大，突然爆发的战争、灾害、内乱等事件会使一国的国家风险迅速升高，而这些突发因素往往是不可预计也是无迹可寻的。但是突发因素毕竟是极少出现的，除去突发因素外，来自政治、社会、经济、金融等多个领域因素的差异变化和未来走向却是可以根据现有的情况而大致预知的。因为一般情况下，这些领域所涉及的一国的社会制度、法制建设、经济发展等状况在一定时期是不会有极端的突变，而是具有相对稳定的趋势。所以综合来看，直接根据某国的国家风险评级结果对其未来进行预测是可行的。

第二节　核回归灰色马尔可夫预测模型构建

任何方法都有对于数据量的基本要求，基于已知国家风险得分序列本身的时序预测更是如此。在前文中由于数据获取的不易性，对于油气资源国的国家风险评估评级结果仅有两期，这对于任何预测方法来说几乎都是无法建模的。那么本书对于油气资源国国家风险预测方法的探讨就必须回到现有的可以利用的国家风险评级得分序列上来，以其为数据基础进行预测。

在现有可获取评级机构的基础上，ICRG 是唯一每月发布评级结果的国别风险测量机构。ICRG 的国家风险评估包括政治、金融和经济 3 个范畴，由政治风险、金融风险和经济风险加权合成的综合风险指数反映了该国整体的风险状况，被广泛应用于各种国家风险的相关研究中，具有很高的公信度，如 Hoti 等（2007）、Hoti（2005）、Hassan 等（2003）的研究。所以在本书中，同样选用 ICRG 的月度综合国家风险得分作为一国的国家风险状态的替代变量。通过对国家风险得分数据加以建模拟合，以达到对油气资源国的国家风险进行预测的目的。

由于还没有关于国家风险的综合理论，众多国家风险评估机构根据其研究的投资方式和风险来源的不同给出的国家风险评测方法，都是基于经验的。其最常用的预测方法就是针对国家风险的风险因素清单，依靠行业领域内的专家对定量和定性指标的未来状况，给出明确的评分，然后将这些分数转化为评级的预测（Bouchet et al.，2003）。然而基于概率、函数、时间序列、经验及机器学习等的预测方法是多种多样的，包括：统计趋势预测、回归分析预测、指数平滑、时间序列预测、支持向量回归、神经网络等。经过验证，ICRG 的综合国家风险得分序列，即国家风险得分序列作为一列时间序列，通常是非平稳的，而其一阶的差分序列往往又是白噪声序列，没有可以提取的信息。所以传统的时间序列预测方法（如 ARMA 模型等）并不适用于国家风险问题的研究。另外上述方法的一个共同点是对大样本的追求，在大样本的基础上，部分方法又要求样本经验分布的存在和已知。但是在现实中，由于成本、记录等各种原因，大样本的历史数据总是难以获取的，而且很多现象或者数据往往是灰色的，即含有已知的、未知的或非确知的种种信息。对于此类问题，Deng（1982）提出了灰色系统理论，即研究少量数据的不确定性的理论，已经获得了较好的应用。国家风险的得分序列，其被评估的时间开始较晚，所以存在非大样本数据的特点，且影响国家风险得分的原因又是多种多样、或偶发或持续。另外，个别国家风险的指标数据的评判多少带有主观色彩，所以国家风险得分序列可以说满足了灰色理论的一切条件，是为灰色数据。针对于此，本书拟使用以灰色预测模型——GM（1，1）模型为基础的灰色预测方法对油气资源国的国家风险未来得分进行预测。

但是国家风险因为受随机事件的影响很大，得分序列往往有随机的变动，在实际预测中，需要对此予以调整。而马尔可夫链能够通过对长期的转移概率矩阵的研究，揭示系统在不同状态之间转移的内在规律，从而对系统的将来状态做出预测，对随机波动较强的系统有很好的效果，所以不少研究运用了灰色马尔可夫模型对有波动的序列进行预测（Su et al.，2002；Zhang and Wang，2004）。本书把马尔可夫模型和灰色预测模型结合起来对国家风险进行预测。

与此同时，国家风险波动中的一些极端值或者极端变化并不能代表波动的趋势，但其往往又对预测结果造成一些误差，这些高频极端突变的情况也不在我们对国家风险得分的预测范围内。因此，在前述模型的基础上如果能够对灰色模型的残差序列进行平滑处理，去掉这些极端波动的影响，再运用马尔可夫模型从平滑后的残差序列中找出波动的规律，就能更好地提高预测结果的精度。所以，本书还将尝试运用核回归对残差序列进行平滑，提出核回归灰色马尔可夫模型对国家风险得分数据进行拟合与预测（Hsu et al. 2009；Rua and Nunes，2009；Ferbar et al.，2009）。

一、灰色预测模型

灰色预测模型作为灰色动态模型的一种，拥有对少量不确定性数据建模的优点，是灰色系统理论的核心（邓聚龙，2002）。而灰色预测模型，一般均指 GM（1，1）模型。

记 $x^{(0)}$ 为 GM(1,1) 模型的建模序列，$x^{(0)} = (x^{(0)}(1), x^{(0)}(2), \cdots, x^{(0)}(t))$，令 $x^{(1)}$ 为 $x^{(0)}$ 的 AGO 序列，$x^{(1)} = (x^{(1)}(1), x^{(1)}(2), \cdots, x^{(1)}(t))$，其中

$$x^{(1)}(1) = x^{(0)}(1) \tag{6-1}$$

$$x^{(1)}(t) = \sum_{k=1}^{t} x^{(0)}(k) \tag{6-2}$$

令 $z^{(1)}$ 为 $x^{(1)}$ 的均值序列，则

$$z^{(1)}(t) = 0.5x^{(1)}(t) + 0.5x^{(1)}(t-1) \tag{6-3}$$

$$z^{(1)} = (z^{(1)}(2),\ z^{(1)}(3),\ \cdots,\ z^{(1)}(t)) \tag{6-4}$$

则 GM（1，1）的定义型，即 GM（1，1）的灰微分方程模型为

$$x^{(0)}(t) + a \times z^{(1)}(t) = b \tag{6-5}$$

灰导数　　　发展　　白化背　　灰作
　　　　　系数　　景值　　用量

在最小二乘法的准则下

$$p = \begin{pmatrix} a \\ b \end{pmatrix} = (\boldsymbol{B}^{\mathrm{T}} \boldsymbol{B})^{-1} \boldsymbol{B}^{\mathrm{T}} y_N \tag{6-6}$$

$$y_N = (x^{(0)}(2),\ x^{(0)}(3),\ \cdots,\ x^{(0)}(t))^{\mathrm{T}} \tag{6-7}$$

$$\boldsymbol{B} = \begin{pmatrix} -z^{(1)}(2) & 1 \\ -z^{(1)}(3) & 1 \\ \vdots & \vdots \\ -z^{(1)}(t) & 1 \end{pmatrix} \tag{6-8}$$

上述灰微分方程对应的白微分方程为

$$\frac{\mathrm{d}x^{(1)}}{\mathrm{d}t} + a \times x^{(1)} = b \tag{6-9}$$

式（6-9）被称为 GM（1，1）模型的白化型。白化型模型并不是从定义型推导出来的，仅仅是一种"借用""白化默认"，白化型模型是真正的微分方程，如果白化型模型的精度高，则表明我们用序列建立的 GM（1，1）模型接近真正的微分方程模型的初衷达到。GM（1，1）模型的白化响应式为

$$\hat{x}^{(1)}(t+1) = \left(x^{(0)}(1) - \frac{b}{a}\right)\mathrm{e}^{-at} + \frac{b}{a} \tag{6-10}$$

对时间响应序列累减还原可得到原始序列的拟合值为

$$\hat{x}^{(0)}(t+1) = \hat{x}^{(1)}(t+1) - \hat{x}^{(1)}(t) \tag{6-11}$$

其中，$\{\hat{x}^{(0)}(1),\ \hat{x}^{(0)}(2),\ \cdots,\ \hat{x}^{(0)}(t)\}$ 称为拟和序列；$\{\hat{x}^{(0)}(t+1),\ \hat{x}^{(0)}(t+2),\ \cdots,\ \hat{x}^{(0)}(t+k)\}$ 称为预测序列。GM(1,1)模型的微分方程基于离散数据建立，最小的样本量仅需 $t=4$。

二、灰色马尔可夫模型

国家风险经常受到随机事件的影响，而灰色预测方法对于随机波动较大的序列预测能力有限，此时在灰色预测的基础上，加入对随机波动强的序列有很好预测精度的马尔可夫预测模型（GMMC 模型），被证明对提升预测的精度有较好的

作用（Li 等 2007；王泽文等，2009；刘发全和职承杰，2005）。利用 GM（1，1）模型得到原始序列的拟合值，进而可以得到残差序列

$$e(t) = x^{(0)}(t) - \hat{x}^{(0)}(t) \tag{6-12}$$

运用马尔可夫预测方法对残差序列建模。首先将残差序列平均划分成 n 段，则状态转移矩阵为 $n \times n$ 阶。令 s_i 为第 i 状态，$s_i \in [l_i, u_i]$，$i = 1, 2, \cdots, n$，其中

$$l_i = \mathrm{min}e(t) + \frac{i-1}{n}(\mathrm{max}e(t) - \mathrm{min}e(t)) \tag{6-13}$$

$$u_i = \mathrm{min}e(t) + \frac{i}{n}(\mathrm{max}e(t) - \mathrm{min}e(t)) \tag{6-14}$$

令 $P_{ij}^{(m)}$ 为从状态 i 经过 m 步转移到状态 j 的概率，公式为

$$P_{ij}^{(m)} = \frac{M_{ij}^{(m)}}{M_i} \tag{6-15}$$

其中，$M_{ij}^{(m)}$ 是状态从 i 经过 m 步转移到 j 的次数；M_i 是残差在 i 状态的总次数。则概率转移矩阵可以被写为

$$\boldsymbol{P}^{(m)} = \begin{pmatrix} P_{11}^{(m)} & P_{12}^{(m)} & \cdots & P_{1n}^{(m)} \\ P_{21}^{(m)} & P_{22}^{(m)} & \cdots & P_{2n}^{(m)} \\ \vdots & \vdots & & \vdots \\ P_{n1}^{(m)} & P_{n2}^{(m)} & \cdots & P_{nn}^{(m)} \end{pmatrix} \tag{6-16}$$

在利用原始残差序列得到转移概率矩阵时，令 $m = 1$ 计算状态间的一步转移矩阵 $\boldsymbol{P}^{(1)}$。t 时刻若状态为 i，则一步转移矩阵的第 i 行是所有能经过一步从 i 转移到状态 j 的概率，取其期望，得到预测表达式为

$$\widetilde{x}^{(0)}(t+1) = \widetilde{x}^{(0)}(t+1) + \sum_{j=1}^{n} P_{ij}^{(1)} v_j \tag{6-17}$$

其中，$v_j = 0.5(l_j + u_j)$，$j = 1, \cdots, n$，是每个状态的中间值。

三、改进的灰色马尔可夫模型——核回归灰色马尔可夫模型

灰色模型在数据随机性较大的时候拟合效果比较差，不少学者提出了多种方法对灰色模型的残差序列进行建模，通过处理残差，提高模型的预测精度。由于测量误差、风险的高频波动等原因，残差序列通常有许多噪声，有时因一些个别因素突发，国家风险得分序列会出现一些噪声，表现为快速而剧烈的短期波动。这种噪声的存在影响灰色模型和灰色马尔可夫模型的预测精度，因此需要对原始残差进行平滑，过滤掉剧烈的短期波动。同时，数据平滑也有利于提高长期预测的精度。在马尔可夫链预测中，通常是基于最后一期的数据进行预测，通过平滑，最后一期的数据也能够包含其临近若干期的信息，因此有助于马尔可夫链的预测。另外，平滑后的序列能更好地反映长期趋势，有利于较长期的国家风险预

测。本书改进了灰色马尔可夫模型，通过引入核回归模型对原始残差进行平滑，以提高预测精度，因此称为核回归灰色马尔可夫模型。

核回归是非参数统计方面的一种经典方法，在图像处理、信号处理及金融股票序列预测上有着广泛的应用（Takeda et al.，2007；王志刚，2009）。核回归的一个显著特点是其局部性（Hastie et al.，2005），在估计一个数据点 x_0 的目标函数值时，利用核函数 $K(x_0, x_i)$ 根据观察样本 x_i 相对于 x_0 的距离，为 x_i 赋予一个不同的权重，从而着重考虑离 x_0 比较近的观察值。核回归提供了一个框架，具体的核函数可以多种多样，如高斯核、二次核、Spline 核与 Epanechnikov 核等。核回归模型通常只需要较少的训练，如利用高斯核时只有一个带宽参数 σ，这对模型的调优是很有利的。

在回归分析中，变量 Y 关于变量 X 的回归函数通常表示为一个条件数学期望

$$f(x) = E(Y \mid X) \tag{6-18}$$

其中，$f(x)$ 是一个未知的函数。由于

$$E(Y \mid X) = \int y f(y \mid x) \mathrm{d}y = \int y \frac{f(x, y)}{f(x)} \mathrm{d}y \tag{6-19}$$

而根据 Duda 等（2000）的研究，函数 $f(x)$ 和 $f(x, y)$ 的核密度估计为

$$\hat{f}(x) = \frac{1}{nh} \sum_{i=1}^{n} K\left(\frac{x - x_i}{h}\right) \tag{6-20}$$

$$\hat{f}(x, y) = \frac{1}{nh^2} \sum_{i=1}^{n} K\left(\frac{x - x_i}{h}\right) K\left(\frac{y - y_i}{h}\right) \tag{6-21}$$

其中，$K\left(\dfrac{x - x_i}{h}\right)$ 是核函数。把式（6-19）和式（6-20）带入式（6-18），可以得到 Nadaraya-Watson 核回归公式（Li and Racine，2007）

$$\hat{f}_h(x) = \frac{\sum_{i=1}^{n} y_i K\left(\dfrac{x - x_i}{h}\right)}{\sum_{i=1}^{n} K\left(\dfrac{x - x_i}{h}\right)} \tag{6-22}$$

从式（6-22）可以看出，Nadaraya-Watson 核回归是一种加权平均。在对国家风险预测中，本书采用的核函数为高斯核函数

$$K\left(\frac{x - x_i}{h}\right) = \exp\left(-\frac{(x - x_i)^2}{2\sigma^2}\right) \tag{6-23}$$

此时，距离 x 在 $[-3\sigma, 3\sigma]$ 之内的样本权重比较大，而在此之外的样本权重非常小，这保证了核回归的局部性。这也符合国家风险的特点，相邻若干期的风险往往受类似的政治、经济等因素的影响，比较接近，而相隔时间较长的样本间的关联一般比较微弱。

我们的国家风险预测模型，是对平滑后的残差序列再利用马尔可夫模型离散化，生成概率转移矩阵，并结合灰色模型对原始数据进行拟合，预测新的数据。

四、模型的检验

对于给定的序列 $x^{(0)}$，若满足 $\dfrac{x^{(0)}(t-1)}{x^{(0)}(t)} \in \left(e^{-\frac{2}{n+1}}, e^{\frac{2}{n+1}} \right)$，则认为可以利用灰色预测方法建模。拟合结果的检验采用的是残差检验，输出的检验结果为平均残差

$$\varepsilon(\mathrm{avg}) = \frac{1}{T-1} \sum_{t=2}^{T} \left| \frac{x^{(0)}(t) - \hat{x}^{(0)}(t)}{x^{(0)}(t)} \right| \tag{6-24}$$

预测结果的检验公式化与此类似

$$\varepsilon(\mathrm{avg}) = \frac{1}{n_p} \sum_{k=1}^{n_p} \left| \frac{x^{(0)}(T+k) - \hat{x}^{(0)}(T+k)}{x^{(0)}(T+k)} \right| \tag{6-25}$$

其中，n_p 为预测的个数（期数）；T 为用于拟合的数据个数。则模型的拟合与预测精度均为

$$p = (1 - \varepsilon(\mathrm{avg})) \times 100\% \tag{6-26}$$

第三节　国家风险预测实证分析

一、数据来源及描述统计

从我国石油进口的来源国出发，根据中国原油的进口情况，选择了排位前 6 位的国家，对其国家风险得分进行预测。这 6 位个国家依次为沙特阿拉伯、安哥拉、伊朗、俄罗斯、阿曼和苏丹，2007 年和 2008 年从这 6 个国家进口的原油约达进口总量的 70%。这些国家的国家风险得分数据均来自 ICRG 的国家综合风险得分，为从 1998 年 1 月到 2008 年 12 月的月度数据。这里拟用 1998 年 1 月到 2007 年 12 月的数据建立模型对原数据拟合，在此基础上分别预测 2008 年 1 月到 12 月的国家风险得分，并比较未来一个月、一个季度、半年和一年的预测结果与现实结果的差异。对各油气资源国的国家风险得分序列基本统计特征描述，见表 6-1。可见绝大多数的国家风险得分序列是非平稳的，而其一阶差分序列为白噪声序列。

表 6-1　国家风险得分序列的基本统计描述

项目	沙特阿拉伯	安哥拉	伊朗	俄罗斯	阿曼	苏丹
平均值	76.762	55.128	68.462	69.078	79.523	52.142
最大值	82.300	71.300	73.500	80.000	84.300	60.000
最小值	68.300	39.100	60.800	45.000	71.200	39.300
标准差	4.208	9.102	2.690	9.835	3.359	5.771
偏度	−0.291	0.274	−0.296	−0.942	−0.584	−1.015
峰度	1.931	2.108	2.839	2.750	2.489	2.596
Jarque-Bera	6.409**	5.4795*	5.054*	18.058***	8.125**	21.440***
ADF	−2.409	−2.905	−2.775	−2.424	−3.030	−2.605
ADF D（CRR）	−11.245***	−11.299***	−10.839***	−8.863***	−12.056***	−12.371***
Q（6），D（CRR）	4.787	5.711	3.666	7.635	3.537	14.526**
Q（12），D（CRR）	7.528	15.415	13.061	16.953	10.894	21.215**

*** 为 1% 的显著水平；** 为 5% 的显著水平；* 为 10% 的显著水平

二、国家风险预测结果

对数据做事前检验，所有序列均通过检验，可以建立灰色预测模型。进而，分别用灰色预测模型、灰色马尔可夫模型和核回归灰色马尔可夫模型进行拟合预测。在做马尔可夫转移矩阵时，根据不同国家序列的灰色模型预测结果残差值的大小，利用式（6-13）和式（6-14）将其分为 4 个状态。

在实验中，需要确定高斯核函数的 σ 参数。因为需要对未来多期的国家风险进行预测，通过最小化原始序列与拟合序列之间的最小均方误差得到的参数在预测时表现可能并不好，所以通过比较不同参数下模型在多个国家的平均预测精度，然后选择一个最优的参数。各参数在多个国家国家风险得分数据上，利用各模型可获得对未来国家风险一个月、一个季度、半年和一年的预测精度。

根据实验结果，选择了 $\sigma=5$ 用于预测样本国的国家风险，预测结果如图 6-1 所示。图 6-1 中竖虚线左侧为各个模型对 1998 年 1 月到 2007 年 12 月的月度得分序列的拟合结果，竖虚线右侧为各个模型对 2008 年 1 月到 6 月的国家风险得分预测结果。

由图 6-1 可知，总体来看，模型的拟合和预测结果都是比较好的。除了沙特阿拉伯，其余国家在运用核回归灰色马尔可夫模型后，图线都更接近原始的序列。表 6-2～表 6-4 分别显示了 3 个模型的拟合和预测精度。

从表 6-2 可以看到使用核回归灰色马尔可夫模型后，除了对沙特阿拉伯的拟合精度稍逊于灰色马尔可夫模型外，其余国家的拟合效果均超过了灰色模型和灰色马尔可夫模型，达到了最优。

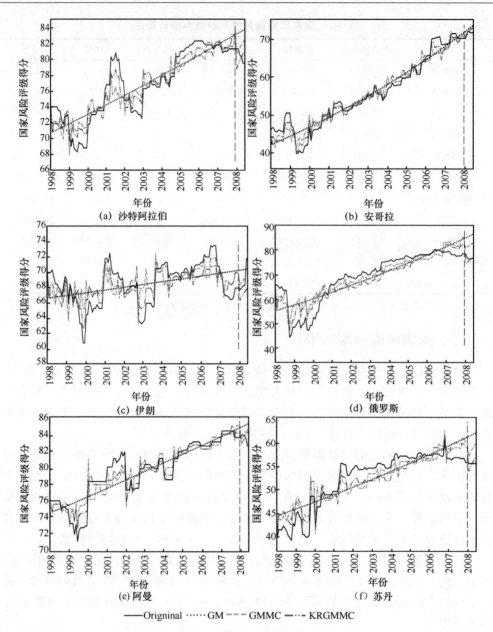

图 6-1　模型拟合预测结果

表 6-2　模型拟合精度　　　　　　　　　　　　（单位：%）

国家	沙特阿拉伯	安哥拉	伊朗	俄罗斯	阿曼	苏丹
灰色模型	95.12	96.15	96.95	93.55	98.40	97.69
灰色马尔可夫模型模型	95.71	96.71	97.60	94.56	98.78	98.12
核回归灰色马尔可夫模型	98.47	97.61	98.12	94.99	99.04	95.72

表 6-3　模型预测精度（一）　　　　　　　（单位：%）

国家	下一月预测精度			下一季度预测精度		
	灰色模型	灰色马尔可夫模型	核回归灰色马尔可夫模型	灰色模型	灰色马尔可夫模型	核回归灰色马尔可夫模型
沙特阿拉伯	97.67	99.20	96.95	97.19	99.25	97.89
安哥拉	97.26	98.62	99.28	98.51	99.31	99.36
伊朗	96.34	99.19	97.90	96.65	99.05	98.17
俄罗斯	91.30	96.28	95.43	89.39	94.35	97.49
阿曼	98.88	99.40	98.74	98.77	99.68	99.20
苏丹	89.76	97.43	97.01	89.47	95.98	98.55

表 6-4　模型预测精度（二）　　　　　　　（单位：%）

国家	半年期预测精度			一年期预测精度		
	灰色模型	灰色马尔可夫模型	核回归灰色马尔可夫模型	灰色模型	灰色马尔可夫模型	核回归灰色马尔可夫模型
沙特阿拉伯	96.16	98.15	98.38	95.50	97.05	97.89
安哥拉	98.10	98.76	98.97	97.07	97.49	97.71
伊朗	97.25	98.32	97.16	98.14	98.36	96.82
俄罗斯	88.52	93.26	98.51	86.76	90.97	96.86
阿曼	97.97	98.83	98.78	97.16	97.71	97.82
苏丹	88.75	94.07	97.97	88.87	91.47	92.99

　　从表 6-3 和表 6-4 各个模型对不同时期国家风险预测的精度情况可以看到，核回归灰色马尔可夫模型在半年期和一年期的预测效果明显优于灰色马尔可夫模型，而且越是长期的预测，核回归马尔可夫模型的相对优势就越大。这与平滑序列对于长期趋势预测更准确的常识是一致的。对未来一个月的风险预测，灰色马尔可夫模型取得了更好的效果，这表明未来一个月的风险受短期因素的影响非常大，数据平滑会消除短期变化，从而影响结果预测。但是，长期的风险预测显然更具有实际意义，而这正是核回归灰色马尔可夫模型的优势。

　　总之，无论是针对未来一个月、一个季度、半年或者一年期的国家风险预测，核回归灰色马尔可夫模型都取得了良好而稳定的效果，不少预测结果的精度达到了 98% 以上，最差的一年期预测精度也接近 93%。

第四节　本章小结

　　本章研究的主要目的是试图寻找一种稳定有效的模型对我国主要的油气进口来源国的国家风险得分序列进行预测。根据油气资源国国家风险得分时间序列的特点，本章探讨了灰色预测模型和灰色马尔可夫模型在这一问题上的运用；并在此基础上为了提高精度，引入核回归方法对灰色预测模型结果的残差序列进行平滑，再和马尔可夫模型结合，形成了核回归灰色马尔可夫模型，对国家风险得分序列进行拟合与预测。

将各个模型运用到我国 6 个主要的石油进口来源国的国家风险得分时间序列中进行未来国家风险的预测，发现核回归灰色马尔可夫模型对这些国家的国家风险得分的拟合效果和预测效果具有明显优势。可见，核回归灰色马尔可夫模型能够有效地帮助我们了解和预测未来多期的国家风险的状况，为油气贸易与投资提供决策的依据。

第七章　基于分解集成方法的资源国国家风险短期预测

国家风险受多属性因素影响，包括各种突发事件，呈现明显的复杂系统所具有的特征，如不确定性、非线性、突变性和不稳定性。但是，鉴于突发事件发生概率较小，国家风险系统在短期内一般不会发生结构性改变，若分析预测方法恰当，那么对国家风险发展态势进行短期预测不仅是可行的，也是有效的。针对国家风险的复杂性，一些传统的预测方法很难对其进行较准确的预测。对此，本章引入针对复杂系统的有效分析方法，即分解集成预测方法，更为有效地深入分析国家风险的发展态势，并提高其预测精度。

本章第一节详细介绍分解集成预测方法及其具体相关技术；第二节设计实证研究方案，包括数据样本描述与预测评价标准；第三节讨论国家风险短期预测结果，并研究分解集成方法在国家风险系统分析上的有效性；第四节总结本章内容。

第一节　分解集成预测方法

国家风险受多属性因素影响，一些传统的预测方法很难对其进行较准确的预测。因此，以"先分解后集成"（decomposition and ensemble）思想或"分而治之"（divide and conquer）思想为核心，在具有良好分析预测性能的分解集成预测方法基础上，有效实现国家风险时间序列短期预测的研究创新。根据现有研究，以"先分解后集成"思想为核心，大量分解集成预测方法涌现，并广泛应用于各种复杂系统中的数据分析与预测研究，得到了较为满意的结果。

分解集成预测方法，是基于"先分解后集成"思想，即"分而治之"思想而建立的。分解集成预测方法的关键在于，在时间序列预测中引入"模态分解"步骤，对时序数据进行多尺度分解，从而达到"化繁为简，各个击破，综合集成"的复杂系统分析目的，能有效帮助模型从不同尺度上把握数据内部规律，显著提高模型的分析与预测性能。具体的，分解集成模型首先将复杂系统中的数据分解为易于描述并具有特定意义的简单模态，其次对每个简单模态分量分别进行分析与预测，在此基础上，通过对各分析结果进行集成，最终形成对复杂系统总体的分析与建模。

具体的，分解集成预测方法包括 3 个主要步骤：时序分解、模态预测与集成预测。首先，对原始序列进行分解，将其复杂难以描述的动力系统分解为较为简单的模态分量；其次，分别对各模态进行建模与预测；最后，集成各模态分析预测结果以形成最终预测结果。分解集成预测方法框架图，如图 7-1 所示。

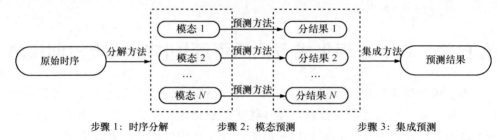

图 7-1　分解集成预测方法框架图

第一步：时序分解。

将原始数据 x_t（$t = 1，2，\cdots，T$）分解为较为简单却具有特定意义的模态分量 $c_{j,t}$（$j = 1，2，\cdots，n$）。

第二步：模态预测。

对各模态分量进行建模与预测，分别得出各分量预测结果 $\hat{c}_{j,t}$。

第三步：集成预测。

将各模态的分预测结果 $\hat{c}_{j,t}$ 进行集成，得出最终预测结果 $\hat{x}_t = f（\hat{c}_{1,t}，\hat{c}_{2,t}，\cdots，\hat{c}_{n,t}）$。

显然，基于不同的时序分解方法、模态预测方法与集成预测方法，可构建多种分解集成模型。对此，下面我们将分别介绍应用较为广泛的分解方法、预测方法与集成方法，包括：小波分解（wavelet decomposition，WD）、经验模态分解（empirical mode decomposition，EMD）与集成经验模态分解（ensemble EMD，EEMD）等分解方法，自回归移动平均单整（auto regressive integrated moving average，ARIMA）模型、人工神经网络（artificial neural networks，ANN）与最小二乘支持向量机（least squares support vector machine，LSSVM）等预测方法与集成方法。

一、时序分解方法

目前，最为常用的时序分解工具涉及小波分解；此外，自适应性的经验模态分解与集成在近几年来受到广泛的关注。

（一）小波分解

20 世纪初期，小波的概念已在各领域中以不同形式出现，20 世纪 80 年代小波分析逐步引起人们的关注，成为新兴的数学理论方法。小波分解或小波变换（wavelet transformation）基于信号在时间域与频率域上的转换，能够同时反映数据的频域局部性和时域局部性，有效地将一个复杂函数分解为系列较为简单的模态。

　　具体的，小波分解的过程如下：首先，将时序数据进行时频转换，在频域中将原始数据表示为一组不同尺度的小波基函数的线性组合；其次，按照设定的阈值对数据进行处理，将频率（由尺度所反映）较高的系数设为零（硬阈值）或者减少其绝对值（软阈值）；最后，通过逆小波变换将数据转换至原来的时域中（重构过程），以实现数据的高频与低频部分分离。例如，数据的快速小波分解基于以下公式：

$$\varphi(x) = \sum_n h_\varphi(n)\sqrt{2}\,\varphi(2x - n) \tag{7-1}$$

$$\psi(x) = \sum_n h_\psi(n)\sqrt{2}\,\psi(2x - n) \tag{7-2}$$

其中，$\varphi(x)$ 为尺度函数；$\psi(x)$ 为小波函数。上述公式把 $\varphi(x)$ 与 $\psi(x)$ 表示成分辨率是其两倍版本的线性组合。通过几次迭代，小波分析将原序列分解为一系统的近似分量（低频部分）与细节分量（高频部分）。小波分解流程如图 7-2 所示。

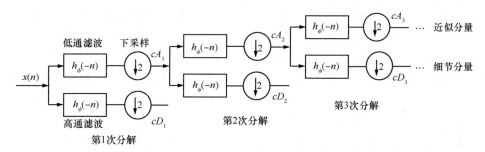

图 7-2　小波分解流程示意图

　　其中，cA_j 与 cD_j（$j=1,2,\cdots,N$）分别表示第 j 次分解中的近似分量与细节分量的系数。经过 N 次迭代后，原时序数据 $\{x_t\}$ 可分解为 N 个细节模态 $d_{j,t}$（$j=1,\cdots,N$）与一个最终趋势 $a_{N,t}$。

$$x_t = a_{N,t} + \sum_{j=1}^{N} d_{j,t} \tag{7-3}$$

$$c_{N,t} = (h_{\phi 1,t} \times h_{\phi 2,t} \times \cdots h_{\phi N,t} \times x)_t \tag{7-4}$$

$$d_{j,t} = (h_{\phi 1,t} \times h_{\phi 2,t} \times \cdots \times h_{\phi N,t} \times h_{\psi j,t} \times x)_t \tag{7-5}$$

其中，$h_{\phi j,t}$ 与 $h_{\psi j,t}$ 分别代表 t 时期 j 次迭代中的低频与高频滤波器。

（二）集成经验模态分解

　　经验模型分解是 Huang 等（1998）提出的一种针对非线性、非平稳性及复杂性时序数据的多尺度分析方法。针对其模态混合现象的缺陷，Wu 和 Huang（2004）对 EMD 进行了改进，提出了集成 EMD 算法，即 EEMD。

　　与传统时序分解方法相比，EMD 与 EEMD 算法是局部的、自适应的，基于数据本身性质而不依赖任何先验基函数，能有效将数据中不同频率的波动逐级分解开来，获得相互独立的简单模态分量及主要趋势量。EEMD 与 EMD 已成功应用于众多领域。

　　鉴于 EEMD 是 EMD 的改进版本，本小节首先介绍 EMD，其次再讨论 EEMD 算法。

　　要完整描述经验模态分解，首先定义本质模态函数（intrinsic mode function，IMF）。EMD 算法中的 IMF 要满足两个条件：①极值点的数目与过零点的数目相等或者相差为 1；②在任何点处，由局部极大值包络和局部极小值包络生成的平均包络为 0。相比小波等其他分解方法中的模态，IMF 可以是线性的，也可以是非线性的，其振幅和频率可以随时间变化，是一种广义调和函数，而非简单的固定函数。

　　EMD 算法假设，大多数的时序数据包含多种波动模式，通过筛选过程迭代求解其各个分量，可找出其中不同的波动函数，并由 IMF 函数表示。分解基于如下假设进行：被分解的数据中至少有一个极大值和极小值；局部特征时间尺度由极值间的时间间隔确定；如果数据没有极值点但包含拐点，可通过一阶或多阶微分得到极值。在满足上述假设的前提下，对时序数列 x_t 的筛选过程步骤如下。

　　（1）令 $i = 0$，$r_t = x_t$。

　　（2）得出 r 的局部极大值和局部极小值。

　　（3）由局部极大值插值得到上包络 $e_{\max, t}$，由局部极小值插值得到下包络 $e_{\min, t}$。

　　（4）由上下包络计算其局部平均，得到平均包络：$m_t = (e_{\max, t} + e_{\min, t})/2$。

　　（5）令 $d_t = r_t - m_t$。

　　（6）如果 d_t 满足 IMF 的两个条件，则认为 d_t 是第 i 个 IMF，并令残差 $r_t = r_t - d_t$，令 $i = i + 1$；如果 d_t 不是 IMF，令 $r_t = d_t$。

　　（7）重复步骤（2）～（6），直到残差 r_t 满足停止标准。

　　不同 EMD 算法的停止准则不同，从而会导致所提取的 IMF 存在细微差异。在本书研究中，步骤（7）中的停止标准为残差 r_t 满足：①在其每一点中，平均振幅＜（阈值×包络线振幅）；②其平均布尔矩阵满足容忍度＞（平均振幅/包络线振幅）＞阈值 2；③其极值点及零值点小于或等于 1。其中，阈值、阈值 2 与容忍度是事前设定参数。

　　最后，EMD 将原始数据 x_t 分解为系列本质模态函数 $\text{IMF}_{j, t}$ 和一个最终剩余项 r_t：

$$x_t = \sum_{j=1}^{N} \text{IMF}_{j, t} + r_t \tag{7-6}$$

尽管 EMD 在应用研究中取得了广泛的成功，但是它存在着一个明显的缺点：模态混合现象（mode mixing），即一个 IMF 中包括了其他模态的尺度，或一个尺度存在于不同的 IMF 分量中。针对这一问题，Wu 和 Huang（2004）提出了 EEMD。EEMD 的基本思想是，时序数据包括真实的信息，同时受到噪声的干扰，对此，若在原数据上添加白噪声，得到的集合平均值会更接近于真实信息。因此，EEMD 算法在 EMD 的基础上，加了一个新的步骤：在原数据上添加白噪声。EEMD 算法流程可描述如下。

（1）在原序列中添加白噪声，生成新的时序。

（2）利用 EMD 算法对新的时序进行分解。

（3）不断重复以上两个步骤，但每次添加不同的白噪声，其迭代次数计为 NE，最后取每次分解得出 IMF 的平均值为最终的 IMF 分量。

添加的白噪声能有效帮助提出真实的 IMF 分量，并通过集成平均做法相互抵消。因此，EEMD 能有效避免模态混合现象。白噪声对结果的影响可以由以下统计规则控制：

$$\varepsilon_{ne} = \frac{\varepsilon}{\sqrt{NE}} \tag{7-7}$$

其中，NE 为迭代次数，即集合成员的个数；ε 为白噪声的标准差，而 ε_{ne} 为最终误差的标准差。通常设定迭代次数 NE 为 100，白噪声的标准差为 0.1 或 0.2。

二、模态预测与集成预测方法

在模态预测中，各种有效的时序预测方法均可被引入分解集成预测方法模型中，作为有效的模型预测方法。根据有关文献，时序预测方法可大致分为两个类别：传统计量模型与人工智能（artificial intelligent，AI）模型。其中，自回归移动平均单整模型与灰色系统模型 GM（1，1）是较为典型的传统模型，人工神经网络与最小二乘支持向量机算法，是目前较为主流的 AI 算法。由于本书前几章内容对这些方法进行了简单的说明，该章略过对这些方法的介绍。

在集成预测中，上述所涉及的人工神经网络与 SVM 算法，同时可作为相应的集成预测技术来集成各分模态的预测结果。此外，鉴于小波分解、EMD 与 EEMD 等分解方法都以线性相加形式分解原时序数据，即所分解的模态之和等于原序列，简单集成方法中的简单相加（simple addition，SA），也是有效的集成方法：

$$\hat{x}_t = \hat{c}_{1,t} + \hat{c}_{2,t} + \cdots + \hat{c}_{n,t} \tag{7-8}$$

第二节　实证研究设计

本小节，首先基于分解集成预测方法模型，引入相关技术，构建国家风险短期预测模型；其次，介绍国家风险预测实证研究的数据样本；最后，介绍预测评价标准。

一、国家风险预测方案

为了不失一般性，设国家风险序列 x_t（$t = 1, 2, \cdots, T$），对其进行提前 m 步长的预测，可表示为

$$\hat{x}_{t+m} = f(x_t, x_{t-1}, \cdots, x_{t-(l-1)}) \tag{7-9}$$

其中，x_t 为 t 时期的实际数据值；$\hat{x}_t$ 为预测值；l 为滞后期；m 为提前步长。为验证新方法论的有效性，实证研究不仅将对样本数据进行单步长预测，也会采用多种步长预测，如 m 取值可为 1 个、2 个和 3 个月。值得注意的是，在本实证研究中，我们将对国家风险进行提前 1 个、2 个和 3 个月的短期预测研究。

基于分解集成预测方法框架，本书构建国家风险短期预测模型，其框架如图 7-3 所示。具体的，在时序分解中，鉴于国家风险系统的复杂性与时变性，我们采用瞬频分解方法中最为流行的 EEMD 方法。同样的，在模态预测与集成预测中，鉴于传统预测模型在其复杂系统分析中的局限性，我们采用具有强大学习能力的 AI 技术。其中，最小二乘支持向量机在复杂数据分析中显示出高精度与高效率的独特优势，因此，我们采用最小二乘支持向量机作为模态预测与集成预测工具。

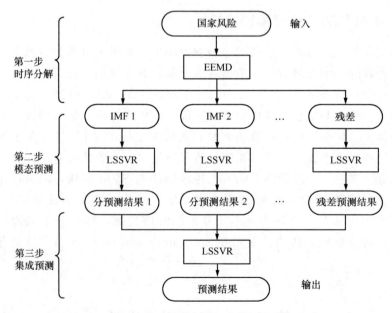

图 7-3　国家风险短期预测分解集成预测方法框架图

如图 7-3 所示，基于"先分解后集成"思想，国家风险短期预测模型主要分

为 3 步：首先，先采用 EEMD 方法对国家风险原始数据进行分解；其次，采用 LSSVR 对各个模态进行预测；最后，再采用 LSSVR 模型对结果进行集成。相应的，我们可将此模型计为 EEMD＋LSSVR＋LSSVR。

值得注意的是，为了验证所构建模型的有效性，其他常用的预测技术，包括 ARIMA 与 GM（1，1）传统模型，以及 ANN 和 LSSVR 模型，也将引入国家风险短期预测实证中，并与本模型相比较。此外，简单相加（ADD）方法，也将引入分解集成预测方法框架，构建 EEMD＋LSSVR＋ADD，作为另一个比较基准模型。

二、数据来源

本书取用全球重要的 10 个石油输出国或者生产国作为研究对象。这 10 个国家分别是沙特阿拉伯、阿联酋、安哥拉、伊朗、伊拉克、科威特、俄罗斯、加拿大、美国和中国。这些国家的国家风险数据均来自 ICRG 的国家风险综合得分。数据为月度数据，时间跨度为 1997 年 2 月到 2010 年 8 月。实证研究把样本数据分为训练样本集与测试样本集。具体的，本书将各数据的前 85% 样本点归为训练集，用于模型参数估计；而后 15% 为测试集，用于模型的预测性能检验。即 1997 年 2 月到 2006 年 12 月的样本点为训练样本集（共 119 个样本点），2007 年 1 月到 2010 年 8 月的数据为测试集（共 43 个样本点）。

三、评价标准

为评价分解集成预测方法与其他模型的预测性能，实证研究将采用两种不同类别的预测评价标准：①准确性评价指标；②统计检验。

在准确性评价方面，主要采用平均相对误差绝对值（mean absolute percentage error，MAPE）

$$\mathrm{MAPE} = \frac{1}{M} \sum\nolimits_{t=1}^{M} \left| \frac{x_t - \widehat{x}_t}{x_t} \right| \tag{7-10}$$

其中，M 为测试集的样本数。

为检验不同模型预测性能的差异，进一步采用统计检验判定模型 A 的预测精度是否在显著意义上优于模型 B，是十分必要的。对此，本书引入 DM 统计量，从统计角度上比较两个模型的预测性能。设有模型 A 与模型 B 对真实时序 x_t 进行了预测，分别得出预测值 $\widehat{x}_{A,t}$ 与 $\widehat{x}_{B,t}$（$t = 1, 2, \cdots, M$），则 DM 检验的原假设为：模型 A 的预测精确度不高于模型 B，即模型 A 的预测误差 $e_{A,t} = x_t - \widehat{x}_{A,t}$ 大于或等于模型 B 的预测误差 $e_{B,t} = x_t - \widehat{x}_{B,t}$。则构建 DM 统计量：

$$S = \frac{\overline{y}}{(\widehat{V}_{\overline{g}}/M)^{1/2}} \sim N(0, 1) \tag{7-11}$$

其中，$\bar{g} = \dfrac{1}{M} \sum\limits_{t=1}^{M} g_t$ $(g_t = e_{A,t}^2 - e_{B,t}^2$ 为损失函数值$)$ 为平均损失函数值；$\hat{V}_{\bar{g}} = \gamma_0 + 2 \sum\limits_{l=1}^{\infty} \gamma_l$ $(\gamma_l = \mathrm{cov}(g_t, g_{t-l}))$。本书对 S 统计量进行单边检验，则统计量 S 与 p 值能有效体现模型 A 与模型 B 的预测性能。例如，当 S 小于特定边界时，如 -1.67，p 值将小于 5%，检验结果将有力地证明：模型 A 的误差显著性小于模型 B，即在 95% 的置信水平上认为模型 A 优于模型 B。

第三节　国家风险预测实证分析

基于分解集成预测方法模型，我们将首先对国家风险数据进行多尺度分析；其次，通过模态预测与集成预测，我们将得到国家风险的短期预测结果。

一、国家风险分解结果

分解集成预测模型 EEMD-LSSVR-LSSVR 的第一步，是对原始数据进行分解。在这一步中，采用 EEMD 模型对国家风险原始数据进行分解，其中，迭代次数设为 100，白噪声的标准差为 0.1。以沙特阿拉伯为例，其分解结果如图 7-4 所示，其中，各本质模态从高频到低频进行排列，最后一个是残差项。根据分析结果可知，沙特阿拉伯国家风险原始序列被分解成 5 个独立的本质模态和 1 个残差项。其中，各本质模态的频率和幅度均是不一样的，反映国家风险系统中不同的内在因素特征，残差项反映沙特阿拉伯国家风险的长期趋势。值得注意的是，相比原时序数据，各分解的模态分量具有单一的数据形态或走势。这将极大地简化国家风险数据分析与预测，并显著提高其预测精度。

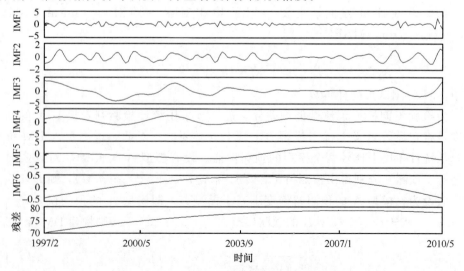

图 7-4　沙特阿拉伯国家风险 EEMD 分解结果

二、国家风险预测结果

对原始数据进行分解后，LSSVR 模型用来对各个本质模态进行预测，最后采用 LSSVR 方法对各模态预测结果进行集成，记为 EEMD＋LSSVR＋LSSVR。此外，简单相加集成也被引入分解集成预测方法中，构建一个重要的基准比较模型，记为 EEMD＋LSSVR＋ADD。同时，4 种常用的时序单预测模型也被引入实证研究中，作为基准比较单模型，包括 ARIMA、GM（1，1）、FNN 与 LSSVR。为了更为清晰地对预测结果进行分析，我们将首先对 4 个单模型的预测模型的预测结果进行比较，再将分解集成与最好的单模型的预测方法进行比较，以实证分解集成预测方法的有效性。

（一）单序列预测方法的预测结果

图 7-5～图 7-7 显著性展示了 4 个单时间序列模型预测结果的 MAPE 比较结果。从图 7-5～图 7-7 中，我们可以明显得出两个重要结论。首先，在不同步长的预测结果中，LSSVR 预测精度都是最高，其 MAPE 值显著低于其他模型。其次，可以发现，人工智能模型（包括 FNN 和 LSSVR 模型）的预测效果要显著优于传统统计模型［包括 ARIMA 和 GM（1，1）模型］。其结果表明，国家风险具有复杂系统的非线性、复杂性与时变时，传统的预测模型不能有效把握其内部复杂的因素，然而，具有强大学习能力的人工智能模型可以显示出其有效的复杂数据分析与预测性能。

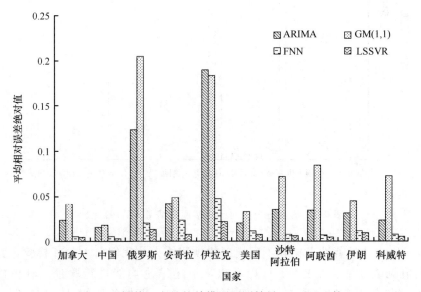

图 7-5　提前一个月的单模型预测结果 MAPE 比较

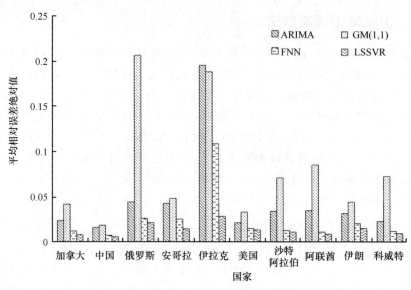

图 7-6　提前两个月的单模型预测结果 MAPE 比较

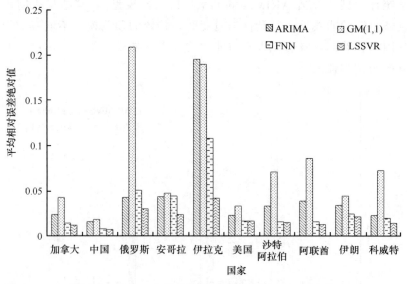

图 7-7　提前三个月的单模型预测结果 MAPE 比较

　　为了从统计显著性上比较不同模型的预测能力，我们引入 DM 检验，其检验结果 p 值见表 7-1。从表 7-1 可以看出，上述结论均能进行验证。具体的，当 LSSVR 为检验对象时，所有 p 值都远小于 0.01，即拒绝原假设。这说明，在置信水平 99% 上，我们可以认为 LSSVR 模型对国家风险的预测精度显著优于其他单模型。传统的 ARIMA 和 GM（1，1）模型的预测能力较差，其主要是因为国家风险序列呈现出非线性、非平稳性，这些线性模型将在此数据分析中失效。

表 7-1　单预测模型的 DM 检验（p 值）

		FNN	ARIMA	GM（1，1）
	LSSVR	0.000 00	0.000 00	0.000 00
提前一个月	FNN		0.000 00	0.000 00
	ARIMA			0.000 00
	LSSVR	0.001 31	0.000 00	0.000 00
提前两个月	FNN		0.000 00	0.000 00
	ARIMA			0.000 00
	LSSVR	0.000 10	0.000 00	0.000 00
提前三个月	FNN		0.000 00	0.000 00
	ARIMA			0.000 00

（二）分解集成预测方法模型的预测结果

图 7-8～图 7-10 展示了两种分解集成预测方法与 LSSVR 模型的预测结果的 MAPE 比较结果。根据比较结果，我们可以得到两个重要结论。首先，在提前一个月，两个月与三个月的短期预测中，所有分解集成预测方法（EEMD＋LSSVR＋LSSVR 与 EEMD＋LSSVR＋ADD）的预测误差要远小于表现最好的单模型 LSSVR，同时优于其他单模型。具体的，两分解集成预测方法的 MAPE 值远小于 LSSVR 的 MAPE 值。其结果无疑证实了"先分解后集成"思想的有效性，特别是在国家风险复杂系统中的分析与预测研究中。其次，由于国家风险数据的复杂性，强大的集成模型 LSSVR 将更为有效地对各分预测结果进行集成预测，所以 EEMD＋LSSVR＋LSSVR 模型显著优于 EEMD＋LSSVR＋ADD 模型，成为最优的预测模型。

同样的，DM 检验对上述结论进行统计性检验，其结果见表 7-2。结果表明，所有 DM 检验 p 值均远小于 1%，这有效地证明了以上得出的结论。首先，在 99% 的置信水平上，EEMD＋LSSVR＋LSSVR 模型显著优于 EEMD＋LSSVR＋ADD 模型与最好的单模型 LSSVR，成为国家风险短期预测实证中的最优的模型。同时，DM 检验也说明，在 99% 的置信水平上，两个分解集成预测方法均优于最好的单模型 LSSVR，自然也优于其他单模型。这进一步证明了，"分解集成"思想能够显著降低建模的难度，提高预测精度。

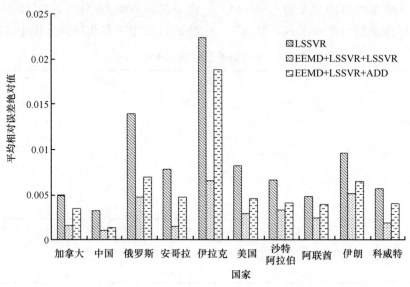

图 7-8　提前一个月的分解集成模型和 LSSVR 模型预测结果 MAPE 比较

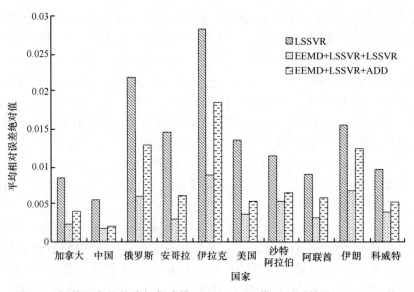

图 7-9　提前两个月的分解集成模型和 LSSVR 模型预测结果 MAPE 比较

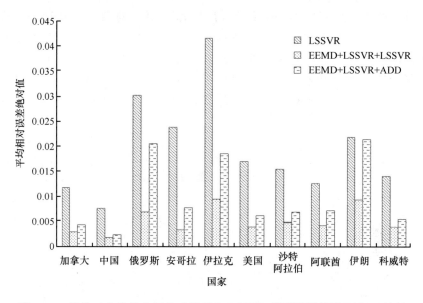

图 7-10　提前三个月的分解集成模型和 LSSVR 模型预测结果 MAPE 比较

表 7-2　分解集成模型和 LSSVR 模型的 DM 检验（p 值）

		EEMD＋LSSVR＋ADD	LSSVR
提前一个月	EEMD＋LSSVR＋LSSVR	0.000 00	0.000 00
	EEMD＋LSSVR＋ADD		0.000 00
提前两个月	EEMD＋LSSVR＋LSSVR	0.000 00	0.000 00
	EEMD＋LSSVR＋ADD		0.000 00
提前三个月	EEMD＋LSSVR＋LSSVR	0.000 00	0.000 00
	EEMD＋LSSVR＋ADD		0.000 00

第四节　本章小结

本章研究的主要目的是寻找一种有效的国家风险数据短期预测模型。鉴于国家风险受多属性因素影响，包括各种突发事件，呈现明显的复杂系统所具有的特征，如不确定性、非线性、突变性和不稳定性。一些传统的预测方法很难对其进行较准确的预测。对此，本书引入针对复杂系统的有效分析方法，即分解集成预测方法，实现国家风险时间序列短期预测的研究创新。具体的，分解集成预测方法通过在时间序列预测中引入"模态分解"步骤，对时序数据进行多尺度分解，有效帮助模型从不同尺度上把握数据内部规律，显著提高模型的分析与预测性能，主要包括 3 个主要步骤：时序分解、模态预测与集成预测。

以全球重要的 10 个石油输出国或者生产国作为研究对象，实证研究表明，基于"先分解后集成"思想的分解集成预测方法，在国家风险的短期预测中，显著优于常用的单模型，有效地提高了预测精度。综上所述，本章研究为国家风险这种复杂性和易变性系统的预测提供了一种更好的预测方法，有效帮助我们深入了解和分析各国国家风险的发展趋势，为油气贸易决策提供重大的理论与方法支持。

第八章 考虑极端国家风险事件的石油进口组合优化

通常情况下，油气资源国国家风险比较稳定，基于时间序列可以实现对资源国国家风险的短期预测，本书的第六章和第七章给出了两种不同的预测策略，取得了良好的预测精度。但当发生一些极端事件时（如战争、自然灾害等），会引起一国国家风险的异常波动，这可能会影响到石油进口国可持续地稳定获得所需石油资源，尤其是在发生一些极端国家风险事件时，如一些自然灾害、战争等因素引起的石油生产的中断。本章将国家风险引入到石油进口组合优化中，着重研究石油资源国国家风险变动对石油进口组合优化的影响。

本章对极端事件下国家风险变动对石油进口组合优化的影响研究分为两步，第一步是分析极端事件对国家风险的影响，在此基础上，第二步是研究极端事件发生后，不同情景下国家风险变动对石油进口组合优化的影响。具体而言，本章的研究内容安排如下：第一节阐述研究框架结构，第二节和第三节分别对研究的方法模型和数据、模型参数进行说明，第四节是本章的实证研究结果，第五节对本章的研究内容进行小结。

第一节 研 究 框 架

能源安全通常是指以合理的价格持续获得经济发展所需要的能源资源。相比国内能源供应，国外能源供应面临的不确定因素更多，能源进口安全备受关注。石油进口安全则是指从国外以合理的价格持续地获得石油供应。由此可见，石油进口主要面临两方面的风险：一是石油进口成本的波动，可以称为石油进口价格风险；二是石油供应的中断，可以称为石油进口供应风险。通常石油进口国可以通过优化石油进口组合来提高石油进口安全，即选择不同的石油输出国和合理分配从各个国家的石油进口量。石油进口价格风险的影响因素主要是国际石油价格变动，中国通常只能被动地接受石油价格。而石油进口供应风险的主要影响因素包括地缘政治因素、战争、民族冲突、自然灾害、海盗等，石油进口供应风险又可以简单分为石油输出国供应风险、运输风险、港口设备设施风险等，其中石油输出国供应风险是指由于石油输出国内部发生一些事件，如政治不稳定性、战争、冲突、自然灾害等造成的石油出口量的降低给石油进口国带来的风险。政治不稳定性、战争、冲突、自然灾害等因素都是国家风险的一部分。石油输出国国家风险变动会对石油供应的稳定性造成一定影响，而通常情况下一国国家风险保持相对稳定，只有当一些极端事件发生时，才可能对石油进口国的石油进口组合造成影响，因此，本章对极端事件下国家风险变动对石油进口组合优化的影响进行分析研究。

通常情况下石油输出国国家风险比较稳定，其石油出口也不会中断或大幅下降，但当发生一些极端事件时，石油出口可能受到较大的影响。例如，如受战争的影响，2003 年伊拉克石油供应从 2002 年的 203.98 万桶／日降到 131.80 万桶／日，下降幅度达到 35.4％。某一石油输出国石油供应的大幅下降或中断必然影响到与这个国家有石油贸易联系的一些国家的石油进口稳定性。

由此可见，极端事件的发生最终会影响到一国石油进口的安全，很有必要着重研究在极端事件下国家风险发生变动对石油进口组合的影响，为石油进口优化提供一些参考。本章首先对极端事件与国家风险序列之间的关系进行分析；其次分析不同情境下国家风险变动对石油进口组合的影响，由此，本章构建的研究框架如图 8-1 所示。

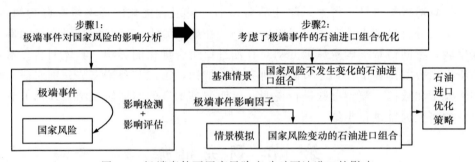

图 8-1　极端事件下国家风险变动对石油进口的影响

考虑到极端事件对石油输出国国家风险的影响时，研究内容分成两部分。

第一部分：极端事件对国家风险的影响分析。这主要是分析国家风险与特定极端事件之间的关系，具体包括极端事件对国家风险的影响检验和影响评价。影响检验主要是通过统计检验论证极端事件是否对石油输出国的国家风险有影响；而影响评价主要是分析极端事件对国家风险的影响程度，即极端事件影响因子，通过引入该因子判断国家风险变动对石油进口组合的影响。

第二部分：考虑了极端事件的石油进口组合优化。当某一石油输出国国家风险因极端事件发生变化时，为提高石油进口安全，石油进口国的石油进口组合也就跟着发生变化。通过分析不同的影响因子下石油进口组合的变化，可以更好地帮助决策者调整石油进口策略。

第二节　方　法　模　型

本章主要给出针对极端事件影响分析的方法和对石油进口组合优化的方法进行说明。对极端事件与国家风险关系的分析需要结合历史案例。如果在一些历史事件发生时，国家风险时间序列出现了结构断点，则认为以后发生类似的事件时，国家风险也会出现类似的变化，因此，本章采用结构断点检测方法分析当一些极端事件发生时，国家风险是否也发生了变化。本章采用多目标规划模型研究石油输出国国家风险变动对石油进口组合的影响，把石油进口安全涉及的两个重要方面，进口成本和供应风险作为优化的目标，优化变量是不同地区石油进口份额，其变化能够反映出石油进口组合的变动。

一、极端事件影响分析方法

本章采用被广泛使用的 Inclan 和 Tiao（1994）提出的迭代累积平方和（iterative cumulative sum of squares，ICSS）算法对国家风险时间序列进行结构变动检测。ICSS 的具体算法是，假设有一时间序列 $Y_k = \mu + \varepsilon_k$（$k = 1, 2, \cdots, T$），其中，$\mu$ 表示时间序列 Y_k 的未知常数均值；σ^2 表示序列 Y_k（和 ε_k）的未知常数方差。ICSS 算法首先从第一个观察值 Y_0 开始。在没有其他信息的情况下，对下一个观察值进行估计的预测误差为零（即序列下一个观察值的估计值与第一个观察值 Y_0 相等）。如果有信息，则可以对预测误差进行标准化处理，通过加入信息集，然后再进行残差估计。通过这种方式可以得到如下的迭代残差序列：

$$\varepsilon_k = \frac{Y_k - \left(\sum_{i=0}^{k-1} Y_i / k \right)}{\sqrt{\left(\dfrac{k+1}{k} \right) S_Y^2}} \quad k = 1, 2, \cdots, T \tag{8-1}$$

其中，S_Y^2 表示对所有观察值序列的方差的估计值。算法假设迭代残差序列 $\{\varepsilon_t\}$ 为一个均值为 0 方差为 σ_t^2 的时间序列。每个阶段序列的方差分别是 σ_j^2（$j = 0, 1, \cdots, N_T$），N_T 是 T 个观察样本下方差变点的个数，$1 < K_1 < K_2 < \cdots < K_{NT} < T$ 是变点的结合。区间序列 N_T 的方差定义如下：

$$\sigma_t^2 = \begin{cases} \sigma_0^2 & 1 < t < K_1 \\ \sigma_1^2 & K_1 < t < K_2 \\ \quad \cdots\cdots \\ \sigma_{NT}^2 & K_{NT} < t < T \end{cases} \tag{8-2}$$

用累积平方和方法来计算方法变点的个数以及变点发生的时间，从第一个观察点到第 k 个观察点的累积平方和为

$$C_k = \sum_{t=1}^{k} \varepsilon_t^2 \quad k = 1, 2, \cdots, T \tag{8-3}$$

可以得到 SUSUM-SQ 统计量 W_k：

$$W_k = \frac{C_k}{C_T} \quad k = 1, 2, \cdots, T \tag{8-4}$$

其中，C_T 是整个时间序列里平方误差的总和。Inclan 和 Tiao（1994）将

SUSUM-SQ 统计量进行了中心化处理，即

$$D_k = \frac{C_k}{C_T} - \frac{k}{T} \quad k=1,2,\cdots,T; \; D_0 = D_T = 0 \tag{8-5}$$

通过这一处理，就可用统计量 D_k 来对序列 $\{D_k\}$ 进行变点测量。显然 D_k 是在零值上下波动，如果残差序列 a_k 每一时刻的值均相同，或者说 a_k^2 为一常数的话，则 D_k 保持为 0，即意味着序列 Y_k 不存在结构性变点。如果 a_k 发生了变化，则还需要进一步判断序列是否一定存在统计上的"显著"变点。根据 Inclan 和 Tiao（1994）的证明，如果 a_k 保持为常数，则统计量 D_k 的分布渐进地遵从一个布朗桥（Brownian bridge）。而基于 D_k 分布（定义零假设为 a_k 保持为常数）的临界值便提供了在某一已知概率水平下的上、下界限，可以用于检验是否存在一个统计上显著的变点。若定义 k^* 为当 $\mathrm{Max}((\sqrt{N/2})\,|D_k|)$ 达到时 k 在序列中的位置，如果 $\mathrm{Max}((\sqrt{N/2})\,|D_k|)$ 大于预先给出的临界值，则拒绝零假设，表明序列存在一个显著的变点；否则接受零假设，表明序列没有显著的变点。这里，N 表示 a_k 序列的长度，而对 $\mathrm{Max}((\sqrt{N/2})\,|D_k|)$ 分布的临界值，可以通过模拟得到。

二、石油进口组合优化模型

石油进口优化的基本模型框架如图 8-2 所示。石油进口国从不同石油输出区域进口石油，在满足石油进口总量的前提下，石油进口国可以有很多种石油进口组合，即不同的石油进口分配方式。石油进口组合优化是通过更好地分配从不同地区的石油进口份额以实现最小的石油进口成本和最小的石油供应风险，从而降低经济成本和降低石油供应中断的风险。

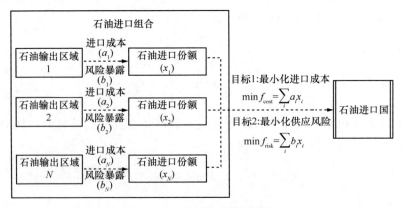

图 8-2　石油进口优化模型

石油进口优化基本模型的两个目标函数，即最小石油进口成本和最小供应风

险具体的表达式如下。

目标 1，即最小进口成本：$\min f_{\text{cost}} = \sum_i a_i x_i$。　　　　　　　　(8-6)

目标 2，即最小供应风险：$\min f_{\text{risk}} = \sum_i b_i x_i$。　　　　　　　(8-7)

约束条件为

$$\sum_i x_i \geqslant D$$

$$0 \leqslant D x_i \leqslant S_i$$

$$0 \leqslant x_i \leqslant 1$$

其中，$0 \leqslant x_i \leqslant 1$ 表示我国从不同区域进口石油总风险值目标函数；f_{cost} 表示我国从不同区域进口石油的总成本目标函数；D 表示石油进口总量；S_i 表示每个石油区域的最大石油出口量；x_i 表示从不同区域进口的石油份额；a_i 表示从不同区域进口石油的单位成本；b_i 表示区域 b_i 的国家风险，$b_i = \sum_j \varphi_{ij} x'_{ij}$，$x'_{ij}$ 表示区域 x'_{ij} 中国家 j 出口中国石油占这个区域出口总量的比重，φ_{ij} 代表区域 i 中国家 j 的 ICRG 综合风险得分，得分越大，国家风险越小，因此，这时候对目标函数 2 取负值。

当某一个国家发生极端事件时，石油进口国的进口风险会随着石油输出国的国家风险变化而发生变动，假设极端事件的发生不会影响从该国进口石油的单位成本，这种情况下多目标优化模型中的进口风险目标应该做出调整，具体如下：

$$\min f_{\text{risk}} = \sum_i (b_i x_i + \delta_i^* b_i^* x_i^*)　　　　　　(8-8)$$

其中，$*$ 表示发生极端事件的国家；δ_i^* 表示极端事件对国家风险的影响因子，其他各约束条件不发生变化。

在本章的实证研究中，多目标规划的求解利用 NSGA-II 算法通过 MATLAB 软件进行编程和运算。NSGA-II 算法是多目标优化算法的基准算法之一，其计算效率和鲁棒性较好，并且该算法得到的非劣解在目标空间分布均匀、收敛性和鲁棒性很好（Erickson et al.，2001；张利宾等，2011）。通常，NSGA-II 算法运行的结果取决于各种参数的设置，如种群产生个数、最大迭代次数、交叉概率、变异概率等。本书通过 20 次独立的试验以确定合适的参数，对以上参数的设置分别为 100，1000，0.9 和 1/8。

第三节　数据及模型参数说明

一、数据来源

本章主要根据 2009 年的原油进口数据对中国石油进口优化进行实证分析。

原油进口优化模型需要求解的数据主要选择的是原油出口区域的国家风险，同时也需要利用原油平均价格以及中国原油的总需求量等数据。各石油输出国的国家风险采用来自于 ICRG 的综合风险评级得分，b_i 是根据 2009 年 ICRG 的月度国家风险得分计算得到，原油平均进口价格取的是 2009 年原油平均价格，数据来源于《中国海关统计年鉴 2009》；S_i 根据 2009 年每个国家总原油出口量统计的，数据来自于美国能源信息总署（http://www.eia.gov）。

二、模型参数说明

2009 年中国原油进口数据见表 8-1。从中东地区进口的原油将近达到进口总量的一半，其次是从欧亚大陆和北非进口的石油占进口总量的 10％左右。中东地区是一个地缘政治极其不稳定的地区，如两次海湾战争、伊拉克战争等，其国家风险变动通常较大，因此本章的研究假设中东地区发生极端事件时，该区域国家风险变动对中国石油进口组合的影响。这里石油进口组合是指由不同石油输出区域组成的，但通常各区域出口中国的石油份额变化率不会超过 40％，因此，x_i 将限制不超过 2009 年实际值的 40％，同样也不低于 2009 年的实际值。2009 年中国从各个区域进口原油的平均成本和各个区域的国家风险见表 8-2。

表 8-1　2009 年中国石油进口来源统计

石油出口区域	进口量/亿美元	百分比/％
总进口量	892.83	100.00
中东	428.87	47.80
欧亚大陆	94.56	10.77
中南美	52.21	6.47
亚太地区	43.86	4.59
北美	2.06	0.22
北非	86.76	9.89
西非	8.99	0.88
东非和南非	175.52	19.38

资料来源：《中国海关统计年鉴 2009》

表 8-2　2009 年各石油输出国国家风险和中国石油进口单位成本

石油出口区域	单位进口成本 a_i／（美元/千克）	国家风险 a_i
中东	0.44	73.20
欧亚大陆	0.43	66.05
中南美	0.40	63.75
亚太地区	0.47	72.28

续表

石油出口区域	单位进口成本 a_i /（美元/千克）	国家风险 a_i
北美	0.47	81.06
北非	0.43	62.03
西非	0.50	58.39
东非和南非	0.45	71.42

第四节　实证研究

在实证研究部分，主要根据以下两步对极端事件下国家风险变动对石油进口组合优化的影响进行研究，第一步是分析极端事件对国家风险的影响，利用 ICSS 模型检测 2000～2002 年巴以冲突存续期间，中东地区国家风险序列是否因为这个极端事件发生了结构断点。第二步是在确定了研究极端事件发生对国家风险序列的影响程度后，利用多目标规划模型分析在不同情景下国家风险变动对中国石油进口组合优化的影响。具体研究结果如下。

一、极端国家风险事件影响程度

该部分针对 2000～2002 年巴以冲突存续期间，检测中东地区国家风险序列是否因为这个极端事件发生了结构断点。选取 1998 年 1 月到 2011 年 1 月 ICRG 综合国家风险评分数据一共 157 个数据点，在 95％ 的置信水平下，ICSS 结构断点检测结果如图 8-3 所示。

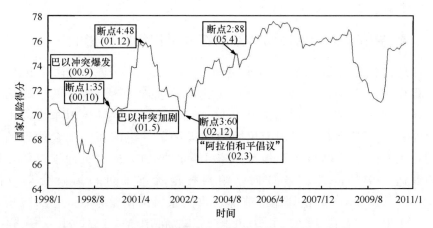

图 8-3　巴以冲突对中东地区国家风险的影响检验

ICSS 检测结果说明，在 95％ 的置信水平下，1998 年 1 月到 2011 年 1 月中东地区的国家风险序列存在几个显著的结构断点。在 2000～2002 年巴以冲突期间，国家风险序列被检测到有 3 个结构断点，分别在 2001 年 1 月、2001 年 12 月和 2002 年 12 月。受巴以冲突的影响，2001 年 1 月之后，中东地区国家风险序列结构发生了变化，但直到第二个结构断点 2001 年 12 月当对巴勒斯坦的强硬政策激化了巴以冲突时中东地区国家风险序列才显著受到了影响，这种负面影响一直持续到 2002 年 12 月，这时候"阿拉伯和平倡议"缓解了这次冲突。图 8-4 进一步说明了巴以冲突对中东地区国家风险的影响。

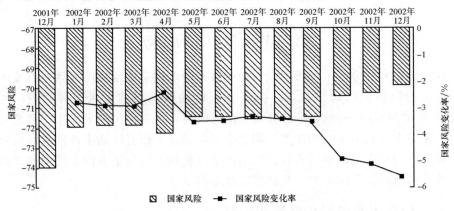

图 8-4　巴以冲突对中东地区国家风险影响分析

从图 8-4 看出，巴以冲突显著降低了中东地区国家风险的评级得分，使得国家风险提高了 2%～6%，这说明在中东地区这种极端事件对国家风险的确是有影响的，并且这种影响可能使国家风险得分变动达到 6%。因此，在多目标优化中国家风险调整系数 δ_i 设置为 0～5%。

二、极端事件下国家风险变动对石油进口组合的影响

石油进口优化是通过满足最小进口成本和最小供应风险两个目标得到的，考虑了极端事件影响的石油进口优化结果如图 8-5 所示。其中极端事件影响因子 δ_i 按照 1% 的变化幅度从 0 增加到 5%。从情景模拟中可以得出两个主要结论：一是中东地区国家风险因受极端事件影响而增加会使得帕累托最优前沿上移，这意味着中东地区国家风险的增加会提高石油进口优化结果的风险暴露。例如，当 $\delta_i = 0$ 时，帕累托最优解的进口风险变动范围是 $-84.45\sim-66.95$，但在其他情节下，当国家风险调整系数 δ_i 从 1% 增加到 5% 时，帕累托最优解的进口风险变动范围是 $-70.01\sim-64.93$，$-69.58\sim-64.67$，$-69.31\sim-64.15$，$-69.03\sim-63.89$ 和 $-69.29\sim-64.04$。第二个结论是相对其他情景下极端事件影响因子 δ_i 的变动，极端事件影响因子 δ_i 从 0 增加到 1% 引起石油最优进口组合风险暴露增幅最大，

当 δ_i 从 1% 增加到 5% 时，石油进口最优解的最小进口风险增幅分别是 13.6%，6.2%，3.8%，0.02% 和 0.04%。

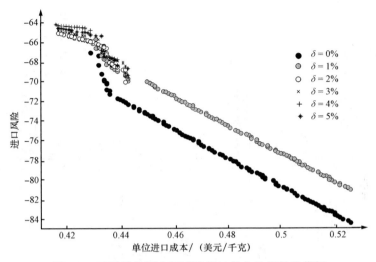

图 8-5　不同情景下中国石油进口优化帕累托最优解

　　然后，极端事件使得进口风险不断增加，但是最优进口组合下的最小平均进口成本并没有减少，1 千克原油的最小平均进口成本是 0.417 美元。另外，当中东地区发生极端事件时，中国石油进口的帕累托最优解的区间受到了限制，最大进口成本会减少。例如，当 δ_i 从 0 增加到 5% 时，石油进口最优解的最大平均进口风成本分别是 0.526，0.442，0.443，0.442，0.443 和 0.442。

　　图 8-6 展示了不同情景下中国从各地区进口石油份额的变化。从图 8-6 中可以看出，当中东地区国家风险因极端事件而增加时，中国从中东地区进口的石油份额会大幅下降，当 δ_i 从 0 增加到 5% 时，从中东地区进口的石油份额分别是 50.2%，5.1%，4.9%，4.8% 和 4.5%。中国从其他地区的石油进口份额则会增加，尤其是中南非和东南非地区，这可能是因为其对中国的进口风险和成本都较低。从图 8-6 中还可以发现，当 δ_i 从 0 增加到 1% 时，中国石油进口最优解发生的变动幅度远大于 δ_i 从 1% 增加到 5%。具体地说，相对于 $\delta_i=0\%$ 时，当 δ_i 等于 1%，2%，3%，4% 和 5% 时，中国从中东地区进口石油的份额下降幅度分别是 85.1%，89.8%，90.2%，90.3% 和 91.0%。

　　通过以上分析可见，中东地区国家风险受极端事件影响增加时会显著影响到中国石油进口的最优决策，中东地区风险越高，中国最优决策下的石油进口风险也相应越高，中国从中东地区进口的石油份额相应也会减少。

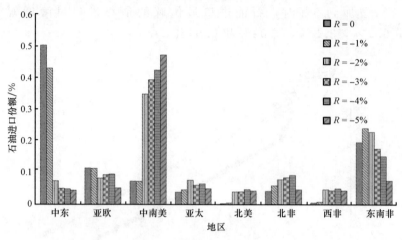

图 8-6　帕累托最优解均值

第五节　本 章 小 结

　　本章着重研究极端事件下国家风险变动对石油进口组合优化的影响，研究主要分为两步，第一步是结合历史案例，采用 ICSS 模型对国家风险事件序列进行结构断点检测，判断极端事件与国家风险之间的关系，研究发现极端事件对国家风险的确是有影响的，并且这种影响可能使国家风险得分变动达到 6%。在此基础上，第二步在石油进口组合优化多目标规划模型中引入极端事件影响因子，然后模拟不同情景下国家风险变动对石油进口组合的影响。实证研究对中国石油进口组合的研究发现，当中东地区国家风险因极端事件提高 1% 时，中国从中东地区进口的石油份额将大幅下降，而从中南美和东南非地区的石油进口份额会大幅增加，即当中东地区发生了极端事件，中国可通过增加从中南美和东南非地区的石油进口来实现新的石油进口最优组合。由此可见，石油进口国应密切关注极端国家风险事件以及时地优化石油进口策略，确保石油进口安全。

第九章　国家风险约束下的油气进口国家风险分散化效应

第八章着重研究了极端国家风险事件影响下，如何优化并改进石油进口布局方案。通常情况下，为应对资源国国家风险变动对石油进口安全的影响，石油进口多元化是一个非常有效的策略。本章则将着眼于油气进口决策的多元化研究，构建国家风险约束下的油气进口国家风险分散化指数，为石油进口决策的制定提供有意义的支持。

具体而言，本章首先分析了主要石油进口国家和地区的石油贸易投资现状，进而将国家风险引入到多元化指数中来，并加入对于来自不同地区的油气资源国的差异性度量，构建新的国家风险约束下的石油进口国家风险多元化指数，并对中、美、日这3个石油进口大国的进口风险分散化效应开展实证研究。

第一节　主要石油进口国家的油气贸易投资状况

世界的石油资源分布极为不均，供需结构高度不平衡。石油资源富集的国家和地区对石油的需求量相对较小，而石油消费量较大的国家和地区石油资源又相对贫乏，这种生产和消费严重分离的现实，导致了国际油气贸易高度集中和垄断，也致使石油进口大国对于石油资源的争夺更加激烈（吴刚，2006）。根据2012年《BP世界能源统计年鉴》所示，石油出口主要集中在中东、俄罗斯、西非、北美、中南美洲等国家和地区，这些国家和地区对石油的出口占世界年出口量的80％以上；而主要的石油消费国是美国、中国、日本、欧洲和亚太地区的一些国家，这些国家年进口石油量占世界总进口量的90％以上。

根据美国能源署统计，2011年位列前十位的石油净进口国家或地区依次为美国、中国、日本、印度、德国、韩国、法国、西班牙、意大利和新加坡。被称为"车轮子上的国家"的美国是世界第一大石油消费国，日消费石油188 94.9万桶，同时美国也是世界上第三大的油气资源国。但是美国从资源储备的角度考虑，有意识地保护和储备本国的石油资源，所以对石油的庞大需求促使美国成为了世界第一大石油净进口国。美国的石油对外依存度高达46.7％，2011年日进口石油达8804千桶，这一数字远远高出了位列第二位的日本。北美、中南美、中东、西非是美国的主要进口来源区域，其中加拿大、沙特阿拉伯、墨西哥、委内瑞拉、尼日利亚、伊拉克等国是美国主要的石油进口来源国。

为了保证石油供应的安全，美国一直在试图控制海湾地区的石油，从20世纪70年代起就已在海湾地区积累军事力量。经过近40年的经营，美国的军事势力从地中海一直延伸到了亚洲腹地，并在中东扶植了众多亲美政府。但是由于海湾局势的不稳定、地缘政治的复杂性，美国也在努力降低对中东石油的依赖，以达到石油进口多元化的目的。"9·11"事件之后，美国加强了对中亚和里海地区石油资源的控制，顺利进军中亚，在乌兹别克斯坦等地取得油气开采基地；美国还运用各种手段，使得中亚到土耳其的输油管线避开俄罗斯，改道格鲁吉亚，从而进一步加强了对中亚和外高加索地区能源的影响和控制。在顺利进军中亚的同时，美国紧盯非洲，将增加从非洲的石油输入上升到"国家安全"问题对待；最近几年，美国石油资本更是源源不断地涌入赤道几内亚、贝宁和喀麦隆等西非国家，迅速使非洲特别是西非成为美国的石油的一个重要的来源地区，如图 9-1 所示。

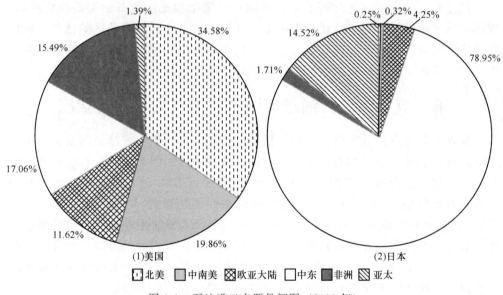

图 9-1　石油进口来源份额图（2011 年）

　　美国与油气资源国建立的这种密切联系，形成了一种内外兼容的"利益捆绑"机制。美国所进口的石油大部分是它的石油公司在海外生产的份额油。20世纪 90 年代以来，美国各大石油公司在海外勘探开发的投资都远高于在国内的投资。大型石油跨国公司拥有的石油储量的一半以上在国外（马宏，1998；秦治来，2009）。

　　日本是世界第二大石油净进口国家。由于国内资源十分有限，日本一直高度依赖石油进口，2011 年日进口石油达 4328 千桶。日本主要从中东地区进口石油，沙特阿拉伯、阿联酋、伊朗、卡塔尔、科威特是其最主要的石油进口来源地。20 世纪 70 年代的两次石油危机导致日本经济发展受到了严重冲击，为了规避石油进口的风险，日本政府这些年来一直在发展多元化的石油进口渠道，致力于物色和开辟新的石油进口来源地，并和更多的油气资源国展开合作，开始走入非洲地区。但是，日本石油进口的多元化的效果并不明显，仅来自上述 5 个中东国家的石油进口量就占其石油进口总量的 80％以上（图 9-1）。

近些年，日本也试图逐步扩大天然气的进口，以降低对中东石油的依赖，同时日本很早开始就在海外投资、开采石油和天然气资源，建立自主开发石油的基地，以降低石油进口的成本和风险。日本石油公司以多种方式参与海外的油气合作，购买股份、签订产量分成协议、参与海外石油勘探开发。早在 1958 年，日本就与沙特阿拉伯签署协议，取得了该国油田的开发权益。石油危机以后，日本更是千方百计地在海外探查和开采石油，先后在科威特、阿联酋和印度尼西亚建立了十几个开采基地，遍及世界五大洲。日本先后取得伊朗阿扎德甘油田、阿塞拜疆巴库 ACG 油田、哈萨克斯坦卡什甘油田的开发权益，提高了日本在海外自主开发石油的比例（吴寄南，2008）。

韩国作为石油进口大国，在努力实现多渠道进口石油的同时，也一直鼓励本国公司到国外自主勘探开发石油，并为此设立了能源勘探专用基金，委托国营石油开发公司向在海外勘探石油的公司提供低息贷款，促使更多公司到国外从事石油开发活动，提高自主开发的石油比例。

欧盟各国也是主要的石油进口国家。目前欧盟的石油进口除了来自北海国家和地区外，大多来自中东和北非地区。为此，欧盟一直与俄罗斯展开对话，试图通过与俄罗斯建立伙伴关系及签署合作协定以确保欧盟能源供给的稳定。另外，欧盟还在强化对中亚、里海与黑海地区石油产业的项目评估、商业投资与技术合作，进一步使石油供给的来源多样化，以实施全方位的能源发展战略。

第二节　油气进口国家的风险选择

实现石油进口多元化，保证能源安全，是各个石油进口国家都在积极实施的战略和政策。当然只有油气资源国出口石油，才可以从该国进口石油，这是再简单不过的道理。但是这些石油进口大国目前在选择石油进口来源地的时候，是否遵循了这一道理，是否受别的因素影响，石油进口大国在进口时着重关注哪方面的问题，是本节的研究重点。考虑到数据的获取比较困难，本节最终选择了中国、美国、日本 3 个石油进口超级大国来进行具体的分析。

一、石油进口与出口的关系

首先分析石油进口国家从各个油气资源国的进口量与这些输出国的石油出口量之间的关系。分别计算 2006 年、2007 年，中国、美国、日本三国按国别的石油进口量和该油气资源国出口量的 Pearson 相关系数、Kendall's tau-b 相关系数和 Spearman 相关系数，见表 9-1。

表 9-1　石油进口量与出口量的关系

国家	年份	Pearson 相关系数	Kendall's tau-b 相关系数	Spearman 相关系数
中国	2006	0.656***	0.236***	0.330***
	2007	0.659***	0.285***	0.407***
美国	2006	0.520***	0.399***	0.515***
	2007	0.509***	0.370***	0.494***
日本	2006	0.643***	0.287***	0.389***
	2007	0.639***	0.307***	0.400***

***表示在相关系数在 1% 水平下显著

从表 9-1 可以看到中国、美国、日本 3 国的石油进口量和这些油气资源国的出口量之间存在显著的相关关系。这十分符合常理，因为从石油出口量大的国家进口的石油自然会多。等级相关系数表明美国与石油出口大国之间保持着非常好的关系，它从石油出口大国进口的石油也相应最多。在这一点上，日本和中国就要逊色不少。当然对于石油进口来源国家的选择是一个很复杂的问题，两国之间的能源外交关系、经济贸易往来、该国的地缘政治情况与进口国的运输风险等都会影响石油进口政策。

二、石油进口与国家风险的关系

那么目前，石油进口国在选择石油进口来源地时，是否高度关注资源国的国家风险问题，并将该国的国家风险纳入考虑的范围之内呢？表 9-2 显示了中国、美国、日本 3 国的石油进口量和油气资源国家的国家风险之间的相互关系。

表 9-2　石油进口量与国家风险的关系

国家	年份	Pearson 相关系数	Kendall's tau-b 相关系数	Spearman 相关系数
中国	2006	0.069	0.163	0.218
	2007	0.077	0.189	0.265
美国	2006	−0.068	0.011	0.021
	2007	−0.028	0.016	0.015
日本	2006	−0.253	−0.026	−0.057
	2007	−0.207	0.015	0.002

从表 9-2 可知，目前来说，石油进口国在进口石油时并不太关注进口来源国的国家风险。可以看到，各类相关系数大多都在零附近徘徊，这表明两者没有显著的相关关系。但同时也可以观察到，在等级相关系数中，如 Spearman 相关系数，美国和日本都在零附近，而中国的系数远高于美国和日本，达 0.2 以上，

2007 年系数接近 0.3。Spearman 相关系数常用来解释投资者的风险偏好行为。当 Spearman 相关系数为 1 时可以理解为从国家风险越高的国家进口的石油越多，也可以理解为进口策略的一种风险喜好的行为；而 −1 则表示从国家风险越低的国家进口的石油越多，表现了石油进口策略是风险厌恶的。中国在这一系数上的结果一定程度上反映了中国目前从国家风险高的国家进口的石油量大，这样做并不适于规避进口风险，而美国和日本则不明显。这一现象与中国、美国、日本 3 国的石油进口来源地区和国家也是比较一致的。美国和世界各地的油气资源国大多保持良好的贸易关系，日本主要从中东地区相对稳定的一些国家进口石油，而中国在饱受战乱、内乱、暴力的部分非洲国家的石油进口份额相当高。

第三节　石油贸易多元化情况分析

提高能源供应安全、降低石油进口风险的最有效的措施之一，就是建立多元化的供给体系，保证石油进口多渠道的战略方针，从而分散进口风险。多年来，包括我国在内的世界各大石油进口国家一直在努力实现石油进口的多元化。

在众多基本的定量方法中，赫芬达尔-赫希曼指数（Herfindahl-Hirschman index，HHI）是用来度量市场多样化的经典理论，现在广泛应用于反托拉斯法律中，而且它也适用于度量可靠性。HHI 指数是单个供应源（在本书中指油气资源国）市场份额的平方和。公式为

$$HHI = \sum_i x_i^2 \tag{9-1}$$

其中，x_i 是供应源 i 的供应量占供应总量的百分比。也就是说，用这种方法评价市场多元化的程度时，如果只存在一个供应源，则指数为 1；如果存在 10 个同样规模的供应源，则指数为 0.1。因此，较小的多元化指数值意味着较好的供应多元化。基于《中国海关统计年鉴》数据，本节计算了中国从 1989～2008 年的石油进口 HHI 指数，如图 9-2 所示。

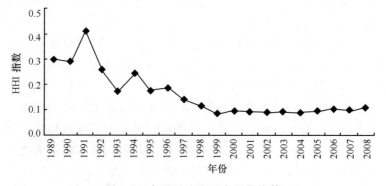

图 9-2　中国石油进口多元化指数

　　从图 9-2 可以看到，我国的石油进口多元化指数从 1989 年的 0.302 到 2008
年的 0.109，虽偶有起伏，但是呈显著的下降趋势。这也说明了我国政府在建立
多元化石油供给体系，多渠道进口石油方面的工作卓有成效。但是我们应该了
解，多元化并不意味着风险就真的降低了，不是仅仅做到多元化就可以规避石油
进口风险，需要考虑的问题还很多。根据来自美国能源署和日本经济产业省的石
油进口数据，计算了 2003～2008 年美国和日本两个石油进口国家的多元化指数，
并和中国进行比较，如图 9-3 所示。

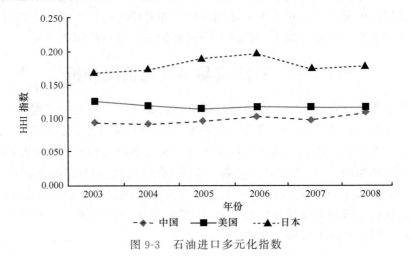

图 9-3　石油进口多元化指数

　　根据图 9-3，我们可以清晰地看到，中国的石油进口多元化指数是最低的，
美国紧随其后，而日本的石油进口多元化指数最高。由于日本的石油进口多元化
指数相对中国和美国高出许多，我们可以认为：这 3 个国家相比较，日本在石油
进口来源的多渠道问题上做得相对最差，结合日本历年具体的进口数据来看也确
实如此，日本的石油进口来源国远比中国、美国要少，而且日本从中东国家进口
的石油几乎占总进口量的 90%，进口来源非常集中。另外，虽然从结果上看，
中国和美国的石油进口多元化指数相差很少，而且中国的要更小，但是我们并不
能说中国的石油进口多元化情况就要好于美国。结合具体数据来看，美国和中国
的石油进口来源国家个数上相差不多，但是美国从加拿大、墨西哥、沙特阿拉伯
等自己势力范围的国家的石油进口比重很大，而中国石油进口来源多，从各个国
家的石油进口量也较别的国家稍微分散些，因此这就造成了美国的多元化指数略
高于中国。所以综合来看，我们可以认为中国、美国的石油进口多元化情况差不
多，日本的情况稍差。另外，从图 9-3 我们可以看到，日本的石油进口多元化情
况在 2006 年达到最差后，2007 年开始有了长足的进步，说明日本在试图改变石
油进口来源单一的局面。而中国和美国这些年的指数情况变化不大。

第四节　考虑国家风险的石油进口多元化指数构建

衡量石油进口风险时，多元化只是一个基本方面，在此基础上，需要考虑的问题还很多，如油气资源国的储量和产量情况、地缘政治情况、市场价位、运输风险等。本节力图从来自这些油气资源国内部的系统风险也即我们定义的国家风险出发，给出石油进口面临的国家风险多元化指数。

一、分析原理

由于石油进口的特殊性，每个油气资源国的属性或风险系数并不相同。多元化指数在衡量市场集中度时忽略了供应源本身的差异性，即假设供应源的属性是完全相同的，所以多元化指数越小，风险就越分散，风险指数也就越小。针对石油进口市场来说，油气资源国在产量、储量、出口量、地缘政治、国家风险、市场价位、运输风险等许多方面影响着石油进口国的进口量，所以进口国的石油进口多元化指数和进口所遇到的风险并不一定成正比，随着进口来源数量的增加，多元化指数也未必减少。那么单一的用进口多元化指数来说明进口风险大小，是不够完善的。

Stirlin（1999）提出，一个最佳的多元化指数一定要具备 3 个方面：种类、各种类的量值和差异性。同时该指数必须使用同一时间段的数据来衡量；要用尽可能少的变量去得到更有效的结果；减少假设、增强敏感度；保证结果的一致性。针对石油进口市场来说，在改进的多元化指数中，通过对供应源之间的相关性进行度量，试图说明不同地区在属性上的相互影响，但是其仅仅涉及了供应国的产量，这使得对进口风险的衡量局限性较强。Wu 等（2007）引入对各大石油出口区域的风险衡量，运用改进后的 HHA 指数评价石油进口的多元化得到的进口风险指数，扩展了风险衡量范围，但是其缺乏对不同地区差异性的度量。von Hirschhausen 和 Neumann（2003）以政治风险和生产水平做权重因子的多元化指数，同样缺少对供应国之间属性的差异性的度量。诚然，在对多元化指数的改进上同时考虑多方面的因素和差异性的度量，并且协调好所有因素的一致性问题，往往是力不从心的。本章在上述研究的基础上，回到油气资源国的国家风险问题研究上来，试图将对油气资源国的国家风险和一些资源国内部系统风险的差异性度量与多元化问题相结合，从石油进口国的角度，给出石油进口面临的国家风险多元化指数。

二、综合指数模型

国家风险是一种长期风险，也是一种系统风险，不受企业或个人控制。在石油进口中，表现为油气资源国内在的政治因素、经济因素和金融因素等。而要衡量来自油气资源国内在的系统风险，就不能忽略这些资源国的石油供应量问题。具体设计模型时，本章从国家风险和石油供应量两个方面考虑：以 HHI 指数为基础，在衡量石油进口市场多元化和风险问题的同时，必须包含对油气资源国的国家风险的衡量。在此引用第三章对国家风险的评估结果进行分析，构成如下公式：

$$CR = \sum x_i^2 r_i \tag{9-2}$$

其中，x_i 为进口国从油气资源国 i 的进口量占进口总量的份额；r_i 为石油输出资源国 i 的国家风险值。CR 指数整合了来自单个油气资源国的国家风险，可以理解为石油进口国家风险综合指数。其次考虑对于不同国家或地区的系统风险差异性的度量。这里衡量的系统风险因素主要从石油因素、国家风险、地域因素 3 个方面出发，具体包括油气资源国的出口量、政治风险、经济风险、金融风险和所在区域。比较常用的相似性度量方法包括计算欧式距离、马氏距离、Pearson 相关系数、夹角余弦相似性等，考虑到数量级、简化运算等因素，在此选用夹角余弦相似性系数进行度量。公式为

$$s_{ij} = \cos\alpha = \frac{\langle \boldsymbol{y}_i, \boldsymbol{y}_j \rangle}{|\boldsymbol{y}_i||\boldsymbol{y}_j|} \tag{9-3}$$

其中，s_{ij} 为相似性系数；$\boldsymbol{y}_i$ 和 $\boldsymbol{y}_j$ 分别为油气资源国 i 和 j 的系统风险向量，公式为

$$\boldsymbol{y}_i = (oe_i, pr_i, er_i, fr_i, g_{i1}, \cdots, g_{i6})' \tag{9-4}$$

其中，oe_i，pr_i，er_i，fr_i 依次为 i 国的石油出口量、政治风险、经济风险、金融风险值；g_{i1}，$\cdots$，g_{i6} 是地域变量，依次代表中东、非洲、亚太、欧亚大陆、北美、中南美六大地区。当一个国家属于某个区域时记为 1，不属于时记为 0。

$$g_{ij} = \begin{cases} 1, & i \in j \\ 0, & i \notin j \end{cases} \tag{9-5}$$

其中，$j = 1, 2, \cdots, 6$。因此，对于不同油气资源国差异性的综合度量就记为

$$S = \sum x_i x_j \sqrt{r_i r_j} s_{ij} \tag{9-6}$$

其中，S 为不同来源之间的差异指数。所以当两个国家的系统风险向量 $\boldsymbol{y}_i$ 与 $\boldsymbol{y}_j$ 之间越相似时，它们的夹角就越小，余弦值越大，因为 $s_{ij} = \cos\alpha \in [0, 1]$，完全相同的两个向量的相似性为 1。因此系统风险越相似，s_{ij} 越接近 1，多元化程度越低；系统风险差异越大，s_{ij} 越接近 0，多元化程度也就越高，这与多元化指数的大小保持了一致。

而考察差异性的指数中引入不同国家风险 r_i 和 r_j 的几何平均数，一是基于对国家风险衡量的基础上比较的差异性；二是因为几何平均数能够很好地和度量单个输出国的国家风险综合指数保持一致性，当 $i = j$ 时，公式为

$$S = \sum_{i=j} x_i x_j \sqrt{r_i r_j} s_{ij} = \sum_i x_i^2 r_i = CR \qquad (9\text{-}7)$$

因此，上述两个指数可以整合为一个指数公式，即考虑国家风险的石油进口多元指数为

$$OIR = CR + S = \sum_i x_i^2 r_i + \sum_{i \neq j} x_i x_j \sqrt{r_i r_j} s_{ij} \qquad (9\text{-}8)$$

综合的风险指数包括对油气资源国国家风险的衡量和对油气资源国差异性的度量。显然 OIR 指数越小，意味着石油进口多元化程度越深，所遭遇的国家风险越小。OIR 指数和其他针对石油进口的改进了的多元化指数相比，有两个特点：一是在引入国家风险的衡量时，是针对每个油气资源国的国家风险衡量，而非某个地区，这样做就避免了同一地区国家在风险因素上不尽相同的问题，使得结果更加精确，说服力更强；二是在对不同油气资源国的国家风险进行衡量时，度量了不同地区的不同国家在系统风险上的差异性，并保持了最终指数结果的一致性。

第五节　石油进口多元化实证对比

对于油气资源国的国家风险评级没有使用中国因素等定性数据进行运算，所以该评级分类结果可以被认为是通用于各个石油进口国的。本节利用前述对油气资源国的国家风险评估结果，分别计算美国、日本、中国三大石油净进口国家的石油进口国家风险多元化指数。这几个国家按国别划分的石油进口量分别取自《中国海关统计年鉴》、美国能源署网站、日本经济产业省网站上的各国的原油进口数据。各大油气资源国的石油出口量，取自联合国数据库（http://data. un. org）。政治、经济、金融风险值来自 ICRG 的国家要素风险得分。这里只对 2006 年和 2007 年两年中国、美国、日本 3 个国家的石油进口国家风险多元化指数进行对比分析，见表 9-3。

表 9-3　石油进口国家风险多元化指数

年份	指数	中国	美国	日本
2006	HHI 指数	0.104	0.117	0.197
	OIR 指数	0.837	0.730	0.952
	CR 指数	0.234	0.233	0.350
	S 指数	0.603	0.497	0.602
2007	HHI 指数	0.098	0.117	0.176
	OIR 指数	0.805	0.770	0.947
	CR 指数	0.224	0.245	0.324
	S 指数	0.581	0.525	0.623

观察 OIR 指数可发现：中国和美国很接近，中国略好于美国，但是都好于日本。而 OIR 指数无论 2006 年还是 2007 年美国都要明显好于中国和日本，这即说明美国石油进口国家风险分散化工作做得相对最好，中国其次，日本最差。

观察 CR 指数和 S 指数可发现：中国和美国 CR 指数非常接近，表明中国和美国承受的来自油气资源国的国家风险基本相同，而日本承受的风险可能相对大些，但是这也可能是由日本过于集中的进口来源造成的；关于 S 指数，美国明显好于中国和日本，这也是它在综合的指数上表现抢眼的关键所在。

之所以有上述的结果，分析如下：美国在拓展石油进口来源国家的工作一直做得比较出色，而我国经过多年的努力也同样开辟了多个石油贸易伙伴国，增进了石油进口的多元化，甚至后来居上，超过了美国的多元化状况。但是，我们知道，虽然两个国家在石油进口源数量上很接近，不过美国的石油进口来源遍布世界各大石油分布区域和多个国家。而且和美国相比，中国对于中东、非洲等高风险地区的石油进口依赖相当强，进口来源国分布相对集中，这些国家间差异小，且大多都是政治、经济形势不稳定和国家风险较高的地区，所以中国的 OIR 指数高，石油进口过程中，面临的国家风险问题更大。而占美国石油进口比重大的国家，如加拿大、墨西哥等国都是国家风险相对低的国家，这使美国在石油进口中面临的风险相对较小。日本无论 HHI 指数还是 OIR 指数都表现最差，则主要是因为其石油进口来源单一，分布较集中，而且这些国家各方面差异性很小，且国家风险相对稍微高。

通过以上对石油进口国家风险多元化指数的分析，可以得到如下的结论：要加大与国家风险低的国家或地区的石油贸易投资合作。决策者在制定和实施石油进口战略部署时，在考虑市场风险、运输风险的同时，要考虑各进口来源国的国家风险，尽可能多地增加来自国家风险低的油气资源国的进口比重，在贯彻石油进口多元化的同时，尽可能分散石油贸易风险；在进行海外石油项目投资，如勘探、开采、炼油、管道等项目时，一定要充分考虑投资国的国家风险状况，规避政治、经济形势变化带来的风险。

第六节　本 章 小 结

本章首先介绍了主要石油进口国家的油气贸易状况，然后从石油进口与出口的关系和石油进口与国家风险的关系两个方面说明石油进口国家的风险选择情况。本章第四节在第三节对石油贸易多元化情况分析的基础上，引入国家风险，构建了国家风险约束下的综合指数模型，本章第五节对 2006 年和 2007 年两年美国、日本、中国等国家的石油进口国家风险多元化指数进行了实证分析，结果说明美国拓展石油进口来源国家的工作一直做得比较出色，而我国经过多年的努力也同样开辟了多个石油贸易伙伴国，增进了石油进口的多元化，甚至后来居上，超过了美国的多元化状况。但是值得注意的是，多元化的合理区间与进口风险的控制，仍是需要进一步研究的内容。

第十章　国家风险约束下的油气投资合作模式

在前述两章中，本书对油气资源国国家风险对石油进口组合优化和多元化的影响进行了研究分析，这主要体现了石油资源国国家风险对进口国石油贸易的影响。此外，不同石油资源国国家风险还会影响到石油进口国和出口国之间的油气投资合作。接下来，本章将从投资合作模式出发，主要以油气投资的合作模型，研究最优的海外油气投资合作模式的选择问题。

具体而言，本章第一节对现有的海外油气投资合作模式进行分析与总结，第二节构建国家风险约束下的海外油气投资合作博弈模型，第三节分析国家风险对合作模式收益的影响，根据研究结果，在第四节阐述海外投资模式选择及国家风险防范，第五节对本章进行小结。

第一节　海外油气投资合作模式

油气企业海外开拓的过程，实际上是企业将其所拥有的资源，如资金、设备、技术、品牌、管理能力等，通过不同的投资方式转移到目标国家，以服务于企业的跨国经营战略。油气领域中的海外直接投资，合作模式一般包括订立契约式和股权收购式两种方式。

一、契约式

契约式不涉及股权或企业产权，传统的是招标、双边谈判的区块合作方式，区块合作方式里又包括产量分成合同和风险服务合同等 7 种形式。

（一）租让制合同

租让制合同又称许可证协议。在租让制合同下，资源国政府允许私人获得矿产资源的所有权，矿产所有者将矿产权转让给石油公司，而石油公司向矿产所有者支付矿区使用费，承包商承担风险，拥有全部油气的所有权。签订租让制合同的石油公司在限定的区域内获得勘探、开发、生产和销售所有碳氢化合物的权利，政府收取固定费用；承租的石油公司在作业经营各方面都拥有实际的完全管理权，勘探、开发及经营所需的全部资金均由外国石油公司直接以股权投资方式提供。租让制合同只在历史上存在，现已基本不采用。

（二）矿区使用费/公司税合同

考虑到租让制合同在石油生产规模上缺乏变化的弱点，在实际应用中，租让制合同又演变出一种新型的合同类型——矿区使用费/公司税合同。矿区使用费/公司税合同，在合同分类上仍然属于租让制合同的一种，只是增加了按照产量规模变动改变收益分成的条款，对资源国和石油公司相对都比较公平；但是增加了对完善的会计制度和健全的征税机构的要求。签订矿区使用费/公司税合同的石油公司获得勘探、开发、生产和销售所得产品的权利；政府收取定金、矿区使用费和税收；石油公司承担所有的风险并提供全部资金；经济收益的分成是通过与利润有关的滑动阶梯税来实现的；石油公司控制作业；政府通过立法来控制石油公司。

（三）产量分成合同

由于石油资源在国民经济中的重要性，以及国际原油价格波动和国家间政治因素的影响，石油开采公司越来越重视产品——原油的获得。所以，在油气资源的合作开采中，产量分成合同是比较常见的合同类型。产量分成合同具有以下特点：从总产量中拿出一定比例的产量进行成本回收；约定产品分成比例；油气资源国的国家石油公司通常掌握重大的监督权和管理权，日常业务管理由签订合约的石油公司负责；石油公司提供全部资金，勘探风险由石油公司承担。

（四）风险服务合同

风险服务合同与产量分成合同类似，所不同的只是承包商获得报酬的方式。在产品分成合同中，外国石油公司以承担风险为交换条件，一般要求得到20%～50%的所产原油；而在风险服务合同中，外国石油公司一般只能在规定期限内以市场价格3%～5%的折扣购买20%～50%的所产原油。因此，直到目前为止，只有拥有丰富数量的探明储量或有优势的石油地质前景，特别是很有希望找到大油田，能供应外国石油公司所需要的原油的国家才签订这种服务合同。

（五）纯服务合同

少数石油储量极为丰富、财力雄厚的国家采用这种模式。如果采用这一类型的服务合同，政府要自己承担全部或部分勘探风险，实际上就是国家石油公司雇用外国石油公司作为承包商。从理论上讲，这种方式与外国石油公司承担勘探风险的方式相比，可以使油气资源国大大减少付给外国石油公司的报酬。

与其他合同方式相比，纯服务合同能使资源国及其国家石油公司得到更多的收益，但迄今为止，此类合同只在世界上一些勘探风险相对小或很可能找到规模较大油田的地区才得到采用。因为在这些地区，这种合同能为石油公司提供大量有保障的原油供应，如伊朗、尼日利亚和巴西就属于这样的地区。

在纯服务合同中，不论投资规模大小，一般说来外国公司从投入资金中所得的报酬是相同的。因此，这类合同对外国石油公司的鼓励不太大。再加上对外国石油公司的利润受到限制，所以，许多公司对这类合同不太感兴趣。因此，能否签订服务合同顺利开展国际石油合作取决于许多因素。在众多因素中，最重要的是找到石油的可能性有多大及其储量有多少，外国石油公司在石油供求关系中处在何种地位，资源国政府在谋求取得这种协议方面所具有的知识、能力以及处理复杂事务的水平和经验。

（六）资源报酬合同

资源报酬合同设法限定油气公司的经济收益率，成本按一定利率以复利方式累计，由公司承担勘探和开发风险且收益固定，而且会因为政府的参与导致利润有限，但并没有减少风险，因此并不受油气公司的欢迎。

（七）混合型合同

混合型合同一般为产量分成合同和矿区使用费/公司税合同的综合。

二、股权式

股权式是指油气公司采用股权控制的办法，直接参与油气资源国厂商的生产和管理。它有两种具体方式，即收购和新建。无论收购还是新建，从股权结构看，又可分为合资企业和独资企业。

第二节　国家风险约束下的海外油气投资合作博弈模型

一、模型假设

通过构建海外油气投资合作博弈模型，可以对国家风险约束下的油气企业海外直接投资的订立契约和股权收购两种模式进行比较。静态初级模型构建的假设前提如下。

（1）参与者 A 和 B 为风险中性，进行石油上游勘探开发项目投资，其中 A 为具有项目技术优势的跨国油气企业，B 为东道国政府。

（2）项目启动需要资金投入 $I > 0$，东道国政府缺乏资金，跨国公司有能力支付初期投资 I。

（3）不失一般性，模型中假设利率为零。

（4）假设双方的非合作策略效用为零[①]。

（5）项目合作模式即资金来源有两种，分别为订立契约和股权收购。

二、国家风险与契约式进入

石油勘探开发项目的契约式进入模式：通过签署合作协议，企业 A 向 B 国

---

① 非合作策略包括在其他资源国投资石油勘探开发，假设合作收益为正，非合作收益为零，即认为在东道国 B 的投资项目对跨国企业 A 而言是最具吸引力的。

提供技术和资金借贷。我们不妨假设在第 0 期企业 A 向 B 国提供资金为 I，B 国在第 1 期需要偿还企业 A 资金 D 或者等值产品分成，通常情况下 $D \geqslant I$。我们认为资金 I 被 B 国完全用于合作项目投资，偿付资金 D 至少要能够抵消企业 A 的借贷资金和技术使用权，并且资金 D 应包括一部分项目合作产生的利润。

如果 B 国接受了借贷资金 I 并用于投资，会得到确定性收益 $R_B > I$，R_B 表示收益所有权分配权属于 B 国。B 国获取项目收益后需要决定是否偿付资金 D。如果违约拒绝偿还，则 B 国将会受到惩罚，如贸易制裁或者暂时不得进入国际资本市场，并会因为惩罚而引发收益损失 $\pi > 0$。企业 A 无法因为 B 国受到惩罚而获利，并假设惩罚措施不允许重新谈判商议。于是，我们可以得到在订立契约的合作方式下，跨国企业 A 和东道国 B 得到的收益分别为

$$U_A = \begin{cases} D-I，\text{东道国 } B \text{ 履行合约} \\ -I，\text{东道国 } B \text{ 不履行合约} \end{cases}$$

和

$$U_B = \begin{cases} R_B - D + I - I，\text{东道国 } B \text{ 履行合约} \\ R_B - \pi + I - I，\text{东道国 } B \text{ 不履行合约} \end{cases}$$

双方博弈流程如图 10-1 所示，不难看出，当且仅当 $D \leqslant \pi$ 时，B 国才会履行合约偿还借款，所以在国家风险存在时，即 B 国存在违约可能性，合作项目开展的前提条件在于需要找到合适的偿还资金 D 或等值产品分成，使得 D 满足 $\pi \geqslant D \geqslant I$，即需要满足

$$\pi \geqslant I \tag{10-1}$$

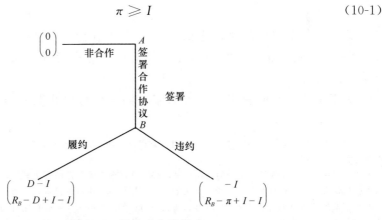

图 10-1　契约式合作模式

同时考虑到只有当双方的共同收益 W 为正时，项目才被实施，所以我们得到

$$W^{\text{debt}} = U_A + U_B = R_B - I \geqslant 0 \tag{10-2}$$

如果式（10-1）和式（10-2）同时得到满足，那么招标合作的投资方式可行。

三、国家风险与股权式进入

石油勘探开发的股权式进入模式：企业 A 进行股权控制，假设初期项目投资和项目启动运行，均由企业 A 完成。当投入技术与资金之后，B 国可能会采取国有化的措施而对企业 A 没有任何补偿[①]。东道国通过国有化手段获取项目所有权和控制权，收益为 R_B。但是正如不履行招标合作协议行为一样，采用直接国有化也是违反国际协定的做法，因此也会受到类似的惩罚。简单起见，我们不妨假设国有化行为与违约行为受到的惩罚是相同的[②]。于是，在企业 A 投资东道国 B 国国有化的情形下，双方的收益分别为 $-I$ 和 $R_B - \pi$。

即使东道国不采取国有化手段，也可以通过其他策略获取勘探开发项目投资回报，如对企业利润征税。最优税率结构一般都非常复杂，在本节所构建的博弈模型中，不失一般性，我们可以假设东道国决定企业需要支付的税收总额。税收不能超过企业的投资利润，如果超出，企业至多只能用全部利润支付。

只要企业 A 拥有项目的所有权，在税收增加的时候就可以决定是否转移或者撤回在东道国 B 的生产与投资。如果企业 A 不撤回投资，则会得到税前收入 R_A；如果企业 A 撤回部分投资，则收入减少到 $\underline{R}_A$，其中 $0 \leqslant \underline{R}_A < R_A$，此时会收到东道国 B 以外的额外利润 r[③]。额外利润值 r 的大小取决于许多因素，尤其依赖于产品的市场条件、企业自身的内部灵活性，以及该企业其他地区工厂设备的剩余生产力。因此，我们可以认为企业比东道国更加了解这些情况，在此基础上建模，认为东道国 B 制定税收政策 T，非合作博弈收益 $r \in [\underline{r}, \overline{r}]$ 服从分布函数 $F(r)$。企业了解 r 的实现途径并且据此决定是否部分撤回在东道国的部分投资[④]。

关于税收政策的制定，一方面东道国至少可以获取 $\underline{R}_A$ 的税收利益，所以

---

① 如果认为 B 国在国有化之后，在项目收益得以实现之后对企业 A 给予补偿的话，则相当于前一种招标合作开发的情况。

② 国有化较之违约行为受到的惩罚更轻，特别是在东道国只是国有化某特定行业投资而非大部分的行业投资情况下。在这种情况下，投资者可能并不会撤回在东道国的投资，因为他们认为以往的国有化纪录与他们所持的项目无关联。国有化往往被视为东道国的敌对行为，对国有化行为的惩罚较之不履行合约义务的行为，一般难以商讨谈判，因此本书模型的一个拓展方向就是区别国有化与违约的惩罚力度。

③ 注意到，因为企业 A 仍然拥有项目的控制权，这一点使得 $r > 0$，即大于0的非合作博弈收益得以产生。企业对资产的控制权非常重要，如当企业进行生产布局调整时，投入较之初次进入投资更节约而高效。

④ 由此产生了一个有意思的问题，如果企业 A 在选择投资方式之前已经知道了 r 的大小，那么这是否会影响招标合作或是直接投资策略的选择呢？此外，企业 A 对投资方式的选择是否会为 B 国提供了 r 的信息呢？因为我们在这里假定只有当跨国企业打算撤回投资时 r 才会影响其收益，所以在东道国偏好国有化手段而非获取税收回报的情况下，均衡并不存在。

$T < \underline{R_A}$ 的情况是不会发生的；另一方面 $T > R_A - r$ 也不会发生，否则企业 A 将会撤回全部投资。于是，我们可以得到，在股权式投资模式下，跨国企业 A 和东道国 B 得到的收益分别为

$$U_A = \begin{cases} R_A - T - I, & \text{企业 } A \text{ 撤回投资} \\ r - I, & \text{企业 } A \text{ 不撤回投资} \end{cases}$$

和

$$U_B = \begin{cases} T, & \text{企业 } A \text{ 撤回投资} \\ \underline{R_A}, & \text{企业 } A \text{ 不撤回投资} \end{cases}$$

股权投资合作的双方博弈流程如图 10-2 所示，我们使用逆向归纳法求解此问题。考虑东道国非国有化投资项目的子博弈，当且仅当 $r < R_A - T$ 时，企业 A 才不会撤回投资，这种情况的发生可能性为 $F(R_A - T)$。对于东道国 B，必须选择最优税收政策 T^* 以保证收益的最大化，不妨假设存在且唯一，满足

$$T^* = \mathrm{argmax}_T \{T \cdot F(R_A - T) + \underline{R_A} \cdot [1 - F(R_A - T)]\} \qquad (10\text{-}3)$$

其中，$\underline{R_A} \leqslant T^* < R_A$。于是东道国 B 在这个子博弈中的期望收益为

$$U_B = T^* \cdot F(R_A - T^*) + \underline{R_A} \cdot [1 - F(R_A - T^*)] = T^e \qquad (10\text{-}4)$$

其中，T^* 为跨国企业 A 缴纳的税金。

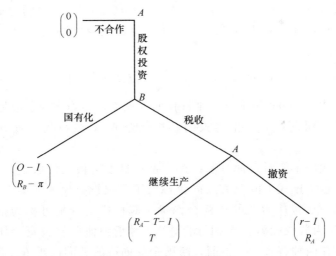

图 10-2　股权式合作模式

于是从东道国角度出发，股权式进入投资模式存在的前提条件是

$$R_B - \pi < T^e \qquad (10\text{-}5)$$

如果式（10-5）不成立，则企业 A 不会选择股权式进入模式[①]。假设式（10-5）成立，对于跨国企业而言，只有当收益大于成本时才可能进行股权投资。企业 A 的期望收益为

$$U_A = R_A \cdot F(R_A - T^*) - T^* \cdot F(R_A - T^*) - \underline{R}_A \cdot [1 - F(R_A - T^*)]$$
$$+ \int_{R_A - T^*}^r (\underline{R}_A + r) \mathrm{d}F(r) - I = R_A \cdot F(R_A - T^*)$$
$$+ \int_{R_A - T^*}^r (\underline{R}_A + r) \mathrm{d}F(r) - T^e - I \qquad (10\text{-}6)$$

于是，从跨国企业的角度来看，股权式投资模式的存在条件是

$$R_A \cdot F(R_A - T^*) + \int_{R_A - T^*}^r (\underline{R}_A + r) \mathrm{d}F(r) - T^e \geqslant I \qquad (10\text{-}7)$$

当式（10-5）和式（10-7）同时被满足的情况下股权投资得以实现。双方的共同收益为

$$W^{\mathrm{FDI}} = U_A + U_B = R_A \cdot F(R_A - T^*) + \int_{R_A - T^*}^r (\underline{R}_A + r) \mathrm{d}F(r) - I \quad (10\text{-}8)$$

第三节　国家风险对海外油气投资合作模式收益的影响

本章第二节我们得到了进行招标合作与股权投资的前提条件，在本节的分析中，我们假设式（10-1）、式（10-2）、式（10-5）、式（10-7）同时成立，即两种投资方式均可行，那么企业 A 则需要在第 0 期决定投资方式。企业 A 选择招标合作的投资模式为

$$\pi \geqslant R_A \cdot F(R_A - T^*) + \int_{R_A - T^*}^r (\underline{R}_A + r) \mathrm{d}F(r) - T^e \qquad (10\text{-}9)$$

反之，若式（10-9）不成立，则选择股权投资。不等式的左边是企业 A 在招标合作时的最大可能收益，不等式的右边是企业 A 在股权投资方式下的均衡收益。

接下来，我们主要对两种石油勘探开发项目投资模式的收益进行对比分析：如果招标合作投资模式下的双方共同收益大于股权投资模式下的双方共同收益，则认为以技术资金转让为主的招标合作优于股权投资（也可称为招标合作更有效），反之则认为股权投资优于招标合作[②]。对于为何股权投资会比招标合作更有效的问题存在两种解释。一方面，跨国企业创造的利润回报 R_A 会超过东道国

[①]　无论股权式进入或是契约式进入，国有化行为或者违约行为带给东道国 B 的收益相同，即 $R_B = \pi$。但是东道国在招标合作时更倾向于违约，而在股权投资时却不愿意国有化。原因是股权投资方式下东道国可以在国有化和税收手段中进行选择，如果 A 拥有所有权比 B 拥有可以创造更大的利润，或者 A 的撤资手段不足以抵御税收手段时，税收可以带给东道国更多的收益。

[②]　这里有效性的含义与帕累托最优不同，因为企业在进行投资选择时更多考虑的是投资收益最大而非帕累托最优。

创造的利润回报 R_B，如企业 A 拥有技术优势可以降低生产成本，提高油产品质量或者促进市场买卖，而且这些优势是无法通过合约实现从 A 企业到 B 国的转移。另一方面，如果跨国企业拥有项目所有权便于生产力与利润的国家间转移。当投资转移下的非合作收益非常大的时候（$r > R_A - \underline{R}_A$），股权投资模式具有增效作用，在这种情况下，企业 A 拥有的控制权增加了灵活度，进而提高了效率。以上讨论可以通过下述命题进行总结。

命题 1　如果股权投资与招标合作都可行，即式（10-1）、式（10-2）、式（10-5）、式（10-7）同时成立时：

（1）当 $R_A > R_B$ 或者 $r > R_A - \underline{R}_A$ 时，股权投资优于招标合作。

（2）当 $R_A = R_B$ 且 $P(r \leqslant R_A - \underline{R}_A) = 1$ 时，招标合作优于股权投资。

不妨假设某种投资模式比另一种模式更加有效，我们不排除股权投资和招标合作投资都不可行的情况有可能发生，但是我们更关心是否存在高效的投资模式反而不可行的情况，通过命题 2 可以回答这个问题。

命题 2　如果招标合作优于股权投资，而且股权投资可行，则招标合作一定也可行。

证明　招标合作投资比 FDI 有效的充要条件为

$$R_B - I \geqslant R_A \cdot F(R_A - T^*) + \int_{R_A - T^*}^{r} (\underline{R}_A + r)\mathrm{d}F(r) - I \qquad (10\text{-}10)$$

如果 FDI 可行，即式（10-5）和式（10-7）式成立，我们需要证明的是招标合作投资一定也可行，即式（10-1）和式（10-2）也成立。因为 $T^e \geqslant 0$，则通过式（10-7）可得

$$R_A \cdot F(R_A - T^*) + \int_{R_A - T^*}^{r} (\underline{R}_A + r)\mathrm{d}F(r) \geqslant I \qquad (10\text{-}11)$$

所以从式（7-10）可得 $R_B - I \geqslant 0$，即式（10-2）成立。

又因为

$$\pi > R_B - T^e \geqslant R_B - \left[R_A \cdot F(R_A - T^*) + \int_{R_A - T^*}^{\bar{r}} (\underline{R}_A + r)\mathrm{d}F(r) - I \right]$$

$$R_B - T^e \geqslant R_B - \left[R_A \cdot F(R_A - T^*) + \int_{R_A - T^*}^{\bar{r}} (\underline{R}_A + r)\mathrm{d}F(r) \right] + I > I$$

$$(10\text{-}12)$$

其中，第一个不等号由式（10-5）得来；第二个不等号由式（10-7）得来；第三个不等号由式（10-10）得来；所以从式（10-12）可得式（10-1）成立。证毕。

对于股权投资而言，即使效率比招标合作高，如 R_A 远大于 R_B，但也不一定就能保证股权投资一定可行，因为大部分的利润可能被东道国苛以重税以至于企业的收益无法支付投资成本，或者因为企业非合作博弈收益高，东道国因为税收过少可能采取国有化手段。

命题 3 如果股权投资优于招标合作，而且招标合作可行，则股权投资不一定可行，即存在某些项目，只有采用招标合作模式进行投资时，项目才有可能启动运行。

证明 通过实例证明。假设 r 在 $[0, \overline{r}]$ 上均匀分布，$R_A = 0$，并且 $\overline{r} > \dfrac{R_A}{2}$。研究东道国采取非国有化决策下的子博弈，容易解得最优税收 $T^* = \dfrac{R_A}{2}$，

东道国 B 的期望税收 $T^e = \dfrac{R_A^2}{4\overline{r}} = U_B$，企业 C 的期望收益 $U_A = \left(\dfrac{R_A^2}{8\overline{r}}\right) + \left(\dfrac{\overline{r}}{2}\right) - I$，

则双方在 FDI 方式下的联合收益为 $W^{\text{FDI}} = \left(\dfrac{3R_A^2}{8\overline{r}}\right) + \left(\dfrac{\overline{r}}{2}\right) - I$。因为 FDI 比招标合作

有效，所以

$$\frac{3R_A^2}{8\overline{r}} + \frac{\overline{r}}{2} - I > R_B - I \tag{10-13}$$

因为招标合作可行，则式（10-1）和式（10-2）均成立，欲证 FDI 不一定可行，只需证明式（10-5）和式（10-7）不一定成立，即

$$R_B - \pi > \frac{R_A^2}{4\overline{r}} \tag{10-14}$$

或者

$$\frac{R_A^2}{8\overline{r}} + \frac{\overline{r}}{2} < I \tag{10-15}$$

对于式（10-14）存在的可能性证明，不妨令 $\pi = I$，可得

$$R_B = \frac{R_A^2}{4\overline{r}} + I + \varepsilon \tag{10-16}$$

其中，$\varepsilon > 0$ 为极小量，则 $\pi \geqslant I$ 且 $R_B \geqslant I$，故招标合作可行，此时式（10-14）成立，故 FDI 不可行。如果（10-13）成立，则需要满足

$$\frac{3R_A^2}{8\overline{r}} + \frac{\overline{r}}{2} > \frac{R_A^2}{4\overline{r}} + I + \varepsilon \tag{10-17}$$

即

$$\frac{R_A^2}{8\overline{r}} + \frac{\overline{r}}{2} > I + \varepsilon \tag{10-18}$$

存在比较小的 I 可以满足式（10-18）。对于式（10-15）存在的可能性证明，不妨令 $\pi = R_B = I$，此时式（10-1）和式（10-2）均成立，如果式（10-13）和式（10-15）成立，则需满足

$$\frac{3R_A^2}{8\overline{r}} + \frac{\overline{r}}{2} > I > \frac{R_A^2}{8\overline{r}} + \frac{\overline{r}}{2} \tag{10-19}$$

因为 $\dfrac{3R_A^2}{8\overline{r}} > \dfrac{R_A^2}{8\overline{r}}$，所以这样的 I 一定存在。证毕。

　　从命题 2 和命题 3 可以看出，即使是具有项目执行效率优势的跨国企业似乎也更倾向于选择招标合作而非股权投资，因为国家征用风险使得股权投资不太稳定。在命题 4 中，我们将试着证明即使股权投资可行且高效，招标合作仍然占据主流趋势。

　　命题 4　在招标合作与股权投资都可行的情况下，如果招标合作优于股权投资，则企业招标合作的最大收益一定超过股权投资的收益；但是，如果股权投资更有效，可能也会存在企业在招标合作的最大收益超过股权投资收益的情况。

　　证明　企业 C 招商合作方式下的最大净收益为

$$U_A^{\max}(\mathrm{debt}) = \min\{R_B,\ \pi\} - I \tag{10-20}$$

而其在 FDI 投资模式下的净收益为

$$U_A(\mathrm{FDI}) = R_A \cdot F(R_A - T^*) + \int_{R_A - T^*}^{\bar{r}} (\underline{R_A} + r)\mathrm{d}F(r) - T^e - I \tag{10-21}$$

假设招商合作更有效，即

$$R_B - I > R_A \cdot F(R_A - T^*) + \int_{R_A - T^*}^{\bar{r}} (\overline{R_A} + r)\mathrm{d}F(r) - I \tag{10-22}$$

而且 FDI 可行，即

$$R_B - \pi < T^e \tag{10-23}$$

则由式（10-23）和式（10-22）可以得到

$$U_A^{\max}(\mathrm{debt}) = \min\{R_B,\ \pi\} - I > R_B - T^e - I$$

$$> R_A \cdot F(R_A - T^*) + \int_{R_A - T^*}^{\bar{r}} (\underline{R_A} + r)\mathrm{d}F(r) - T^e - I$$

$$= U_A(\mathrm{FDI}) \tag{10-24}$$

　　假设 FDI 更有效，可能也会存在企业在招标合作的最大收益超过 FDI 收益的情况，即 $U_A^{\max}(\mathrm{debt}) > U_A(\mathrm{FDI})$。

　　与命题 3 的证明情况类似，FDI 比招标合作有效的充要条件是

$$\frac{3R_A^2}{8\bar{r}} + \frac{\bar{r}}{2} - I > R_B - I \tag{10-25}$$

考虑 $\pi = R_B > I$ 和 $U_A(\mathrm{FDI}) = \left(\frac{R_A^2}{8\bar{r}}\right) + \left(\frac{\bar{r}}{2}\right) - I > 0$ 的情况，此时 FDI 和招商合作均可行，欲证明以下情况可能存在，即

$$U_A(\mathrm{FDI}) = \frac{R_A^2}{8\bar{r}} + \frac{\bar{r}}{2} - I < R_B - I = U_A^{\max}(\mathrm{debt}) \tag{10-26}$$

$$\frac{3R_A^2}{8\bar{r}} + \frac{\bar{r}}{2} > R_B > \frac{R_A^2}{8\bar{r}} + \frac{\bar{r}}{2} \tag{10-27}$$

成立时，式（10-25）和式（10-26）可以同时被满足。因为不等式（10-27）的右

侧值大于 I，所以一定存在 R_B 满足 $R_B > I$，式（10-27）也可以被满足。证毕。

通过建模分析，我们认为如果仅从资金和资金回报的角度考虑石油勘探开发项目，那么项目招标优于 FDI 模式。招标合作的有效性体现在该方式可以避免由于东道国的税收政策而引发的企业撤资行为效率损失，而且招标合作更加容易开展并且会带来外国投资者分享更多剩余的机会。但是，如果控制权属于跨国企业并可以创造出更多的收益时，或者当企业的外部选择可以带来更多回报时，股权投资则成为首选投资方式。

产品的类型与用途会影响不同所有权制度下的投资项目相对价值。复杂工艺或技术含量高的项目（如深海油气田的开采）适合于 FDI 投资模式，因为东道国难以获得核心技术，或者即使东道国获取了核心技术，但是也很难达到跨国企业的生产效率。很多实证文献均支持这个观点（Caves，1996）。

第四节　海外投资模式选择及国家风险防范

一、战略性违约和流动性违约

在前面讨论分析的基础上，我们在这一节考虑随机收益的情况并由此建立新模型。前四个命题是建立在国际资本市场收益可被观察到的基础上的，但是如果收益是不确定的，那么无论是战略性违约（东道国主观上不愿意履行合约）还是流动性违约（东道国具有履约意愿，但是由于项目收益太少或者流动性制约而不能够履行合约）都会受到惩罚。由此可知，项目风险越大，招标合作的效率损失可能越大。

下面我们对基本模型进行改进，不妨设 $A(B)$ 拥有所有权的投资收益为 $\overline{R}_A(\overline{R}_B)$ 的发生概率为 q，投资收益为零的发生概率为 $1-q$。假设期望收益与确定性模型相等，即 $q\overline{R}_A = R_A$，$q\overline{R}_B = R_B$。保持期望收益为常数，如果投资项目风险越大，则 q 越小，相应的 $\overline{R}_A$ 或 $\overline{R}_B$ 越大。

项目收益本质上是通过生产的推进来实现的，即企业 A 决定是否撤回投资之后，东道国 B 决定是否履行合约之前。为了简化分析，我们不妨认为如果企业 A 决定撤资，收益仍然减少到定值 $\underline{R}_A$。

对于股权投资的分析基本上没有改变，在双方决策给出后生产本质决定了项目收益。因为双方都是风险中性，只是关心收益回报，如果项目成功，则企业支付的实际税额可能更高，但是在利润为零的情况下无法强迫企业缴税。期望税率与确定性模型相同①。下面我们对招标合作的分析就将从项目回报是否可以被国际资本市场观察到的角度展开。随机收益下的招标合作博弈流程如图 10-3 所示。

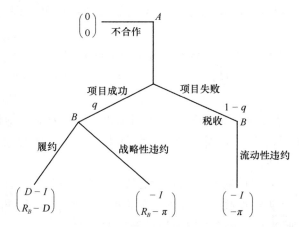

图 10-3 战略性违约与流动性违约并存的契约式合作模式

首先假设东道国 B 掌控所有权的投资收益是可以被观察到的,那么只有在战略性违约的情况下东道国 B 才会被惩罚。如果项目失败,那么流动性违约在所难免,此时应当尽量避免无谓损失 π。如果 $D > \pi$,那么东道国会选择战略性违约,因为这样至多只需要支付 π 的代价。进一步假设只有项目成功,东道国政府才会履约,于是企业参与招标合作提供资金和技术的前提是

$$q\pi \geqslant I \tag{10-28}$$

比较式(10-10)和确定性条件下的式(10-1)不难发现,如果项目风险越大(即 q 很小),则招标合作越难以展开。

接下来假设东道国掌控所有权的投资收益属于私人信息难以被观察到,那么国际资本市场会因为无法区分战略性还是流动性违约而对两种情况施以相同的惩罚。假设 $D \leqslant \pi$ 且 $qD \geqslant I$,那么东道国的期望收益为

$$U_B = q(\overline{R}_B - D) - (1-q)\pi \tag{10-29}$$

为了保证东道国一定会参与,就必须满足 $U_B > 0$,由此我们得到了 D 的上界

$$D \leqslant \overline{R}_B - \frac{1-q}{q}\pi \tag{10-30}$$

---

① 如果企业 A 在撤资与否的决策做出之前已经知道了收益结果又会是什么情况呢?这种情况下项目无风险,企业 A 一定会从中受益,因为在预期回报低的时候可以资金转移,在预期回报高的时候可以维持原投资。这样我们得出的结论,即认为风险收益使得股权收益更具吸引力,得到了进一步证实。

所以企业 A 可以得到的最大收益为

$$U_A^{\max}(\text{debt}) = \min\left\{\pi, \ \overline{R}_B - \frac{1-q}{q}\pi\right\} \tag{10-31}$$

可以看出企业的最大收益随着项目风险的增加而降低，即随着 q 的增加而增加。

最后，项目是否能够得以实施还要考察双方联合收益

$$W^{\text{debt}} = U_A + U_B = q\overline{R}_B - I - (1-q)\pi = R_B - I - (1-q)\pi \geqslant 0 \tag{10-32}$$

与式（10-2）中的期望净收益 $R_B - I$ 相比较，随机收益下的招标合作收益考虑了流动性违约的无谓损失，所以项目风险越大，招标合作的利润越少，命题 5 对这一现象给出了证明。

命题 5　投资项目风险对股权投资没有影响，但是不利于招标合作。

（1）q 越小，令期望收益 $R_B = q\overline{R}_B$ 为常数，则企业 A 愿意借贷的最大资金 $q\pi$ 也随之减少，所以项目风险会增加招标合作的难度。

（2）如果国际资本市场无法甄别战略性违约和流动性违约，则无效惩罚将会以 $1-q$ 的概率作用于东道国，其结果是企业 A 和双方共同收益均减少。项目风险的增加会导致损失期望值增加，进而减少招标合作的利润。

正如命题 5 所示，随机收益对东道国机会主义行为的激励机制不同。在招标合作的方式下，违约行为是在项目实施和收益实现之后发生的，而在股权投资方式下，国有化行为是在项目实施和收益实现之前发生的。进一步可以注意到招标合作的效率损失是在双方风险中性假定下由项目风险引起的，效率损失的原因是东道国流动性制约使得国际资本市场无法甄别战略性违约与流动性违约。因此，我国企业采取招标合作进行油气资源开发利用时，应当要对战略性违约和流动性违约提前做好准备。

二、联合经营降低国有化风险

跨国企业在油气资源国的股权投资多以合资经营为主，通常与东道国本土的国有企业联合经营。跨国企业有时候需要在无法得到对等补偿的情况下向东道国出让部分项目所得。但是如果联合经营的初衷是提高生产效率且出于跨国企业自愿，那么契约式合作模型就不适用了，我们需要在原有模型基础上构造新的股权投资模型。

假设在生产阶段，即初期投资已经完成，项目所有者为了保证利润所得需要进行配套投资，如对本地工人和管理人员的培训，对技术、技术设施和市场条件进行改造升级。东道国可以对回流资金全部国有化，但是高税收会降低跨国企业再投资的意愿而使回流资金预期价值减少。因此，东道国会对税收额度有所控制

以期在第二阶段获得更多的投资。接下来我们将证明，如果跨国企业与东道国联合经营，就可以降低东道国的税收激励进而提高效率。

考虑初期投资之后东道国决定税收决策下的子博弈。东道国 B 决定税收额度，之后企业 A 在此基础上决定是否继续再投资。项目收益是随机的，可能为 $\overline{R}_A$ 也可能为零。企业的再投资影响成功可能性。为了不失一般性，我们不妨假设成功概率 $q \in [0, 1]$，其直接成本为 $K(q)$。$K(q)$ 是增函数，而且是严格的上凸函数，$K'(0) = 0$ 且 $\lim_{q \to 1} K(q) = \infty$。最后一条假设可以认为是当 q 无限趋近于 1 的时候，$K'''(0) > 0$。为了保证最大化问题存在唯一解，不妨假设对于任意 $q \in (0, 1)$，都有 $K'''(0) > 0$。

假设当初期成本沉没后，企业与东道国联合经营，东道国 B 可以分得项目净利润的 $1 - \alpha$，企业拥有其余利润和控制权，可以自行决定投资程度。需要注意的是，我们假设东道国不仅有分享利润的权利而且也有分担后期投资成本的义务。因为后期投资主要以本地货币结算，如培训等配套投资，所以东道国即使不进入国际资本市场，也需要分摊成本。把 α 视为外生变量，股权投资方式的双方博弈流程如图 10-4 所示。

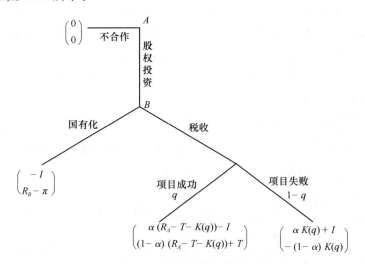

图 10-4　联合经营的股权式合作模式

跨国企业 A 决定第二阶段的投资额时，需要最大化自身收益，即

$$U_A = q\alpha(\overline{R}_A - T - K(q)) - (1 - q)\alpha K(q) - I \tag{10-33}$$

最优成本时的成功概率可以通过一阶条件求解，即

$$K'(q^*) = \overline{R}_A - T \tag{10-34}$$

解得 $q^*(T)$ 是关于 T 的连续严格减函数，其中 $T \in (0, \overline{R}_A)$，但是成功概率与企业的利润占有份额 α 不直接相关。

东道国 B 在决定征收税额时，需要考虑 T 对 q^* 的影响，并且最大化自身收益

$$U_B = q^*(T)\{(1-\alpha)[\overline{R}_A - T - K(q^*(T))] + T\}$$
$$- (1-q^*(T))(1-\alpha)K(q^*(T)) \tag{10-35}$$

关于东道国 B 的最大化收益问题内点解 $T^*(\alpha) \in (0, \overline{R}_A)$ 存在且唯一的证明，可以参见对定理 1 的证明。因为 $T^*(\alpha) \in (0, \overline{R}_A)$，那么一定满足下面的一阶条件

$$\frac{dq^*(T)}{dT}T + \alpha q^*(T) = 0 \tag{10-36}$$

通过隐函数定理可得

$$\frac{dT^*}{d\alpha} = -\frac{q^*(T)}{-\dfrac{K'''T}{[K''(q^*(T))]^3} + (1+\alpha)\dfrac{dq^*(T)}{dT}} > 0 \tag{10-37}$$

式（10-37）中分母为负，所以 $T^*(\alpha)$ 是 α 的严格增函数，这个结论与实际情况相符，如果 α 很低，则项目利润的大部分归东道国所有，则东道国会减少征税以保证联合经营的期望利润。我们注意到，即使 $\alpha = 1$（即企业获得全部净收益），东道国也会选择税额 $T^*(1) < \overline{R}_A$，即东道国会留给跨国企业一定的租金空间以换取正的 q。命题 6 总结了 α 对总剩余和双方受益的影响。

定理 1 对于任何 $\alpha \in (0, 1)$，东道国最大化问题都存在唯一的内点解 $T^*(\alpha) \in (0, \overline{R}_A)$。

证明 首先证明东道国的收益函数是关于 T 的严格凹函数。由隐函数定理 $\dfrac{dq^*(T)}{dT} = -\left(\dfrac{1}{K''(q^*)}\right) < 0$。$U_B$ 对 T 求导，因为由闭包定理可得 $\overline{R}_A - T - K(q^*(T)) = 0$，于是

$$\frac{dU_B}{dT} = \frac{dq^*(T)}{dT}((1-\alpha)[\overline{R}_A - T - K(q^*(T))] + T) + \alpha q^*(T)$$
$$= -\frac{T}{K''(q^*(T))} + \alpha q^*(T) \tag{10-38}$$

$$\frac{d^2U_B}{dT^2} = -\frac{1}{K''(q^*(T))} + \frac{TK'''(q^*(T))(\dfrac{dq^*(T)}{dT})}{[K''(q^*(T))]^2}$$
$$+ \alpha\frac{dq^*(T)}{dT} < 0 \tag{10-39}$$

其中，二阶导数表达式中的第二项非负是因为 $K'''(q) \geqslant 0$，故最优解 $T^*(\alpha)$ 唯一。其次，$T \geqslant \overline{R}_A$ 时不存在最优解，因为这种情况下 $q^*(T) = 0$ 并且 $U_B = 0$。但是如果 $T < \overline{R}_A$ 时，就可以得到严格正的收益函数。最后，如果 $T = 0$ 也不是

最优的，由于 $q^*(T)=0$，则

$$\left.\frac{\mathrm{d}U_B}{\mathrm{d}T}\right|_{T=0}=-\frac{1}{K''(q^*(T))}+\alpha q^*(T)=\alpha q^*(0)>0 \qquad (10\text{-}40)$$

因此，如果 $\alpha>0$，那么选择 $T>0$ 会带来更高的回报。证毕。

命题 6　如果企业的利润分成 α 减少，那么最优税收 $T^*(\alpha)$ 将减少，项目效率会提高。东道国的收益随着 α 的降低而严格增加，但是 α 对跨国企业的收益影响不确定。如果 α 的数值非常大，那么放弃部分项目分成对于企业而言可能更有利。

证明　我们已经证明了 $\dfrac{\mathrm{d}T^*(\alpha)}{\mathrm{d}\alpha}>0$，下面 U_B 和 U_A 分别对 α 求导，可得

$$\frac{\mathrm{d}U_B}{\mathrm{d}\alpha}=\frac{\mathrm{d}q^*}{\mathrm{d}T}\frac{\mathrm{d}T^*}{\mathrm{d}\alpha}((1-\alpha)\underbrace{(\overline{R}_A-T^*-K'(q^*))}_{=0,\ \text{由闭包定理可知}}+T^*)+q^*\Big(-\overline{R}_A+T^*$$

$$+\alpha\frac{\mathrm{d}T^*}{\mathrm{d}\alpha}\Big)+K(q^*)$$

$$=K(q^*)-q^*(\overline{R}_A-T)+\frac{\mathrm{d}T^*}{\mathrm{d}\alpha}\underbrace{\Big(\alpha q^*+\frac{\mathrm{d}q^*}{\mathrm{d}T}T^*\Big)}_{=0,\ \text{由闭包定理可知}}$$

$$=K(q^*)-q^*(\overline{R}_A-T)<0$$

因为 $q^*(\overline{R}_A-T)-K(q^*)$ 是项目净利润，其最优值一定为正，否则企业 C 一定会选择 $q=0$，于是我们得到了不等号方向。

$$\frac{\mathrm{d}U_A}{\mathrm{d}\alpha}=\frac{\mathrm{d}q^*}{\mathrm{d}T}\frac{\mathrm{d}T^*}{\mathrm{d}\alpha}(\alpha\underbrace{(\overline{R}_A-T^*-K'(q^*))}_{=0,\ \text{由闭包定理可知}}+q^*\Big(\overline{R}_A-T^*-\alpha\frac{\mathrm{d}T^*}{\mathrm{d}\alpha}\Big)-K(q^*)$$

$$=\underbrace{q^*(\overline{R}_A-T^*)-K(q^*)}_{>0}-\underbrace{\alpha q^*\frac{\mathrm{d}T^*}{\mathrm{d}\alpha}}_{>0}$$

α 对企业 C 收益函数的影响不确定，一方面 α 的增加可以提高企业 C 对总净利润的分成 $q^*(\overline{R}_A-T^*)-K(q^*)$，另一方面又促使东道国 B 通过 $\dfrac{\mathrm{d}T^*}{\mathrm{d}\alpha}$ 提高税收。只有当项目成功的时候（成功的伴随概率为 q^*）税收与 α 才相关。如果 α 趋近于 0，那么第二项接近于 0，这时企业 C 倾向于增加 α；但是如果 α 足够大，那么第二项起主导作用。综上所述，α 的变化值对总剩余的影响是

$$\frac{\mathrm{d}(U_A+U_B)}{\mathrm{d}\alpha}=-\alpha q^*\frac{\mathrm{d}T^*}{\mathrm{d}\alpha}<0$$

证毕。

命题 6 说明了关于合资经营的两个基本原理，一是向东道国转让净利润的部

分分成可以带给企业更大的收益，因为这样可以激励东道国降低税收额度，从而提高项目效率，企业收益直接增加；二是当且仅当东道国没有国有化的意图时，外商投资才可行，即东道国国有化的收益不能超过从拥有项目控制权的企业处征收的税额。

$$R_B - \pi \leqslant q^* \left[(1-\alpha)(\overline{R}_A - T^* - K(q^*)) + T^* \right]$$
$$- (1-q^*)(1-\alpha)K(q^*) \tag{10-41}$$

如果东道国所占项目份额增加，则不等式的右边项变大，也就减少了国有化的可能。当然，企业必须享有一定的份额低限以保证可以收回初期投资。

实证结果也说明了如果海外投资企业选择与本土企业联合经营，那么强迫撤资的风险就会大大降低（Kobrin，1980）。此外，Caves（1996）认为，出口导向型投资项目以跨国企业拥有项目控制权为主，采用与本土企业合作的方式经营。这个发现与我们提出的模型一致，即如果产品涉及资源勘探生产，那么国有化可能性很高，所以企业需要向东道国转让一定所有比例以防止被迫撤资。而且，如果撤资威胁无法抵御东道国额外附加税收的时候，联合经营也成为减轻征用影响的手段。

第五节　本章小结

在什么条件下采取哪种投资模式最优？项目风险和国有化风险对投资模式有什么影响？应对风险应当采取什么对策？是本章需要回答的 3 个主要问题。本章阐述了国家风险对债务融资和 FDI 的影响，发现 FDI 对风险更为敏感。如果无论控制权在东道国还是跨国企业手中都可以创造利润并且风险性较小的话，那么招标合作往往更有效率而且可行度更高，这种方式可以保证外国投资者足够多的剩余利润。但是，如果跨国企业经营项目的效率更高，项目风险较大，或者外国投资者的外部选择更优，那么股权投资将成为首选投资模式。此外，本章也证明了联合经营可能会使得东道国与外国投资者双方共同受益，目前的实证文献结果可以证明这一点。

本章从理论角度提出了一些今后研究中需要注意的问题，特别是关于股权投资的原始静态模型，之后为了说明东道国和外国投资者之间的契约关系发展了股权投资随机模型，在静态模型结论的基础上得到了新结论。关于如何维持合作关系，我们发现国家风险既可能引发过度投资也有可能导致投资不足，而且利用所构建的博弈模型分析框架可以深入地分析国有化和税收风险对 FDI 的影响。

第十一章 油气资源国的国家风险管理与防范策略

根据以上章节的研究可知，油气资源国的国家风险对油气进口国的贸易和投资有很大的影响。目前中国的石油进口主要来源于中东和非洲，而这两个区域，特别是非洲地区，很多油气资源国的政治不稳定、社会不安定，国家风险相对较高，这些很可能会影响到我的油气贸易投资安全，使我国的石油供应可靠性大打折扣。所以，我国在扩展油气贸易与投资合作国家或地区，实现石油进口多元化的同时，必须密切关注和防范来自油气资源国的国家风险。

本章第一节针对 6 个地区讨论油气资源国国家风险类别现状，第二节针对我国对外开展油气贸易与项目投资提出相关政策建议，第三节和第四节分别从宏观和微观两个视角，对我国的海外油气利用提出相应的国家风险管理的政策思考和实施策略。

第一节 主要油气资源国国家风险防范

一般情况下，从同一个地区进口石油时，进口过程中的运输风险和成本大致相同，所以将油气资源国家划分成不同的区域去具体讨论同一地区各个国家的进口风险的防范，以及贸易与投资的比重在该地区内的倾向，是比较合理的。在前文中，我们将世界各油气资源国家按地域标准划分为 6 个区域，具体分析了各个区域的石油资源、产量、出口量及各地区贸易投资环境和主要的石油输出去向。本章将延用这一区域划分来讨论国家风险的具体防范。

一、中东地区

中东地区是世界油气资源最富集的地区，本章重点研究的中东地区油气资源国有沙特阿拉伯、伊朗、伊拉克、科威特、阿联酋、卡塔尔、也门、阿曼、叙利亚 9 个国家。本章对于油气资源国的国家风险分类结果相对稳定，在每个类别中的某个国家的相对位置每年会有起伏变化，所以这里就以 2006 年中东地区国家的国家风险评级情况予以说明，见表 11-1。中东地区的油气资源国存在各个国家风险类别，其中，沙特阿拉伯、阿曼、阿联酋、科威特、卡塔尔都是国家风险相对较低的国家，与这些国家展开油气贸易，进行油气项目投资，风险相对较小；伊朗是我国主要的石油进口来源地之一，它的国家风险属于中等情况，但是鉴于我们和其良好的贸易合作关系，对我国来说伊朗的国家风险还是相对较低的；而伊拉克、也门、叙利亚是国家风险相对较高的国家，目前我国已很多年没有从叙利亚进口原油，与这些国家开展油气贸易，进行海外石油项目投资，一定要做好遭遇困难的准备，综合考虑政治、经济、金融各方面的问题，规避风险。进一步来说，虽然在这些国家中卡塔尔的国家风险相对较低，但是在贸易合作中，要注意其来自经济方面的变化对我们的利益可能带来的损失；而沙特阿拉伯、伊朗的政治风险较它的经济风险要给予更多的关注。

表 11-1　中东地区国家风险状况

国家	国家风险	政治风险	经济风险
科威特	低	低	低
阿曼	低	低	低
阿联酋	低	低	低
卡塔尔	低	低	中
沙特阿拉伯	低	中	低
伊朗	中	高	中
叙利亚	高	高	高
也门	高	高	高
伊拉克	高	高	高

综合来看，中东地区并不像人们预想的那样都是国家风险高的国家，不少中东国家的经济形势良好，金融风险甚至较发达国家低很多，政治风险相对来说是这个地区的最大问题，尤其表现在地缘政治上。由于多个石油进口大国的介入，这一地区的形势相对复杂。我国在扩展与其他地区的石油合作的同时，一定要妥善处理好与中东地区的石油经贸往来，同当地国家保持友好的外交关系，特别是对当地宗教、文化要深入了解和学习，从而规避油气贸易投资风险。

二、非洲地区

自非洲地区发现了丰富的石油资源以来，这片长久被忽略的土地就成了各国争抢的对象，我们国家来自非洲地区的石油进口比重这些年来不断增加，如今已达到了 30% 左右，非洲成为了我国主要的石油进口地区之一。本章重点研究的非洲地区油气资源国包括安哥拉、尼日利亚、阿尔及利亚、苏丹、利比亚、、刚果（布）、埃及、加蓬 8 个国家。如表 11-2 所示，其中，利比亚属于国家风险较低的国家，在现有的能源合作基础上，可以谋求与其开展更多的石油经贸合作，争取到更多海外石油投资项目的机会；阿尔及利亚和加蓬属于中等国家风险地区，与其开展油气贸易合作也是相对稳妥的，但是阿尔及利亚是美国的势力范围，其绝大多数的石油流向美国，要想从该国争得更多的机会是比较困难的；埃及、尼日利亚、安哥拉、、刚果（布）、苏丹是国家风险相对较高的国家，这些国家的不稳定的状况给石油经贸往来带来了比较大的变数。进一步来说，与利比亚、阿尔及利亚、加蓬等国合作时要更关注该国的政治形势，在注意当地政府统治更迭、政治稳定性的同时，还要多学习当地的文化习俗、法律法规，更好地规避政治风险。而与埃及合作要更关注它的经济风险。

表 11-2　非洲地区国家风险状况

国家	国家风险	政治风险	经济风险
利比亚	低	中	低
阿尔及利亚	中	中	低
加蓬	中	中	低
埃及	高	中	高
尼日利亚	高	高	低
安哥拉	高	高	中
刚果（布）	高	高	低
苏丹	高	高	高

　　整体来看，非洲是国家风险普遍较高的一个地区，但是高风险往往伴随着巨大的收益。我国这些年通过对非洲地区国家的大量援助和建设，和多个国家保持了非常友好的外交关系，已和非洲地区的多个国家展开了良好的能源合作，特别是，国家风险高的安哥拉、苏丹等国。只要我国未来继续保持这种发展势头，争取更多的合作投资机会，且随时关注非洲地区的油气资源国国内的政治形势、经济状况变化，做到随机应变，定能从该地区得到更大的利益。

三、亚太地区

　　对于我国来说，亚太地区与其他产油地区相比，是地理位置相对最好的区域之一。我国本身就是亚太地区的一员。20 世纪 80 年代后期 90 年代初期，亚太地区曾是我国最大的石油进口来源区域，这些年来自亚太石油进口的比重逐年减少，但是我国与亚太地区国家的能源合作从未中断。本章重点研究的亚太地区国家有印度尼西亚、泰国、越南、马来西亚、文莱、澳大利亚 6 个国家。如表11-3所示，其中，文莱和澳大利亚是国家风险相对较低的国家，对我国与其开展石油合作，进行该国范围内的石油资源投资等有较大优势；马来西亚、泰国、越南是国家风险处于中游的国家，和别的地区处于中游的国家相比，亚太地区的这几个国家在运输成本和风险上都要相对较小，所以建议加大能源方面的合作；印度尼西亚是这一地区唯一国家风险高的国家，这正是它政治、经济不稳定的体现，这也给与印度尼西亚开展能源合作造成了一些影响。

表 11-3　亚太地区国家风险状况

国家	国家风险	政治风险	经济风险
文莱	低	低	低
澳大利亚	低	低	中
马来西亚	中	低	中
泰国	中	中	中
越南	中	中	高
印度尼西亚	高	高	高

具体来说，与澳大利亚、越南、马来西亚这样的国家合作，要更注意该国的经济风险。整体来看，亚太地区是油气资源国国家风险相对较低的一个地区，有利于石油进口国家与其开展能源合作和油气项目投资。但是这一地区的国家石油储量相对较少，自身的石油消费量相对较大，石油出口能力比起其他地区的油气资源国来说要小得多，而且亚太地区的一些国家与我国关于东海、南中国海的利益之争从来都不曾间断过，所以双方还是应妥善处理好争端问题，本着互利共赢的原则，实现更多的能源合作。

四、欧亚大陆地区

我国是欧亚大陆最东端的国家。欧亚大陆地区的油气资源非常富集，和亚太地区一样也是对我国来说地理位置最为便利的一块产油区。石油运输风险和成本相对都比较低。本章关注的欧亚大陆地区的油气资源国主要有俄罗斯、哈萨克斯坦、阿塞拜疆、丹麦、挪威 5 个国家。

如表 11-4 所示，这些国家中丹麦、挪威是国家风险低的国家；俄罗斯、哈萨克斯坦、阿塞拜疆 3 个国都是中等风险的国家。可以看到，欧亚大陆地区是石油进口贸易和海外投资时面临资源国国家风险最小的区域之一。然而由于欧盟国家石油需求量大，丹麦和挪威作为欧盟国家，主要满足自身和欧盟内部的石油需求，中国很难从中收取更多的利益。但是，俄罗斯和哈萨克斯坦与我国接壤，又与我国长期保持比较良好的外交关系和经贸往来，在能源合作上也越来越多，如果俄罗斯和哈萨克斯坦的石油资源对于中国能像加拿大和墨西哥之于美国一样，就能使我国的石油供应可靠性再上一个层次。所以，俄罗斯、哈萨克斯坦及一些苏联地区的油气资源国是我国贸易与投资的上佳场所。但是，作为和我国一样同为东亚国家的石油进口超级大国日本，不会轻易让临近的俄罗斯与哈萨克斯坦成为我国的能源后花园。在未来，同苏联地区的石油合作，将同日本和俄罗斯等国进行激烈的多方博弈。

表 11-4　欧亚大陆地区国家风险状况

国家	国家风险	政治风险	经济风险
丹麦	低	低	低
挪威	低	低	低
俄罗斯	中	中	低
哈萨克斯坦	中	中	中
阿塞拜疆	中	中	中

五、北美地区

本章的研究中，在北美地区只重点关注了两个国家，即加拿大和墨西哥。作为美国的势力范围和能源后花园，我国目前来自这两个国家的石油进口量微乎其微，油气合作项目很少。但是本着多元化进口石油，确保石油供应的政策方针，中国应该加大与北美地区的能源合作，做到互惠共赢。如表 11-5 所示，总体来看，加拿大是国家风险较低的国家，而墨西哥是国家风险居中的国家，都是比较利于油气贸易合作，也是有利于企业进行海外投资的国家。但是与这两个国家合作都要更关注其经济变化对贸易投资的影响。

表 11-5　北美地区国家风险状况

国家	国家风险	政治风险	经济风险
加拿大	低	低	中
墨西哥	中	中	高

六、中南美洲地区

中南美洲地区许多油气资源国越来越多地开放其石油资源，吸引外资，发展石油经济。这给了石油进口国非常好的机会。本章重点关注的中南美洲地区的油气资源国有委内瑞拉、巴西、阿根廷、哥伦比亚、厄瓜多尔、秘鲁 6 个国家。如表 11-6 所示，其中，秘鲁、委内瑞拉、巴西、阿根廷的国家风险都属于中等范围，整体来看，对油气贸易与合作影响不大；而哥伦比亚和厄瓜多尔是国家风险比较高的国家，不利于石油贸易和项目的海外投资。中国从 20 世纪 90 年代中期开始与中南美洲地区的国家开展油气贸易，这些年来，来自中南美洲地区的石油进口比重略有上升，但是相对较少，在该地区投资的油田项目地段较差，盈利能力低下，可以说与中南美洲地区的石油合作上升空间还非常大。

表 11-6　中南美地区国家风险状况

国家	国家风险	政治风险	经济风险
秘鲁	中	中	中
委内瑞拉	中	中	低
巴西	中	中	高
阿根廷	中	中	高
哥伦比亚	高	中	高
厄瓜多尔	高	高	高

　　需要注意的是，中南美洲地区的一些国家由于国内民族主义情绪高涨，一度掀起了油气资源国有化的浪潮，且来势凶猛。另外，中南美洲地区的油气资源国的经济风险往往很高，在与其合作时要密切关注该国的经济、金融形势变化，做到及时有效地规避经济风险。

第二节　对我国开展国际油气贸易与投资的建议

　　在分区域具体分析了油气资源国的国家风险状况与防范的基础上，本节将对我国对外开展油气贸易与项目投资给出几点综合建议，以期能帮助我国的石油进口决策。

（一）在开展石油进口多元化的同时，加强对资源国国家风险的管理评估

　　本书对于油气资源国的国家风险进行了尝试性的评估评级，希望本书的分析能够引起能源相关部门和石油企业的重视，在未来的国际油气贸易与投资过程中，建立起油气资源国国家风险的评估体系和预警管理体系，并且长期系统地研究油气贸易风险与油气资源海外投资风险，特别是对油气资源国的政策、政治、社会、法律、经济、金融、信用等多方面存在的隐患进行深入分析和应对策略研究。针对各个油气资源国的具体情况，制定与这些国家开展油气贸易与进入这些国家的安全防范措施和突发事件的应急机制，减少参与国际竞争的盲目性和发生安全事件的风险。

（二）综合考虑油气贸易与投资的多方面风险，优化战略布局

　　综合考虑国际油气贸易与投资的各方面风险，包括：国际经济走势和原油价格预测研究、石油进口运输风险和最优路径研究、油气资源国国家风险研究等。本章在全面研究的基础上，围绕中东、非洲、亚太、欧亚大陆、中南美和北美这6个重点战略投资区域进行优化布局。中东地区是世界油气资源最丰富的地区，中国的石油企业已与中东地区的多个油气资源国签订了多个合作协议，今后应进一步扩展中东的油气市场，强化中东的战略地位。中国的石油企业在非洲有多个

油气勘探开发项目，凭借中国与非洲国家的友好关系和西方国家受金融危机影响减少对非洲投资的有利时机，加大对非洲油气资源国的油气项目开发力度，突出非洲的战略地位。中国石油企业，特别是中石化，近几年在澳大利亚项目勘探取得重要进展，今后还要进一步加强与亚太地区的能源合作；欧亚大陆地区的俄罗斯和哈萨克斯坦等国家，是我国最佳的能源供应区域，今后应进一步推进俄罗斯—中亚地区的新项目开发。中国石油企业在中南美地区的油气项目多是地段较差、盈利较弱的项目，但是应以此为基础，通过双方政府层面的能源外交努力，积极促成与中南美地区的石油资源大国合作。例如，加强与委内瑞拉的合作，提高中南美地区的战略重要性。另外在这些重点区域外，中国的石油企业还应扩大与北美地区的加拿大、墨西哥等富油国的合作，努力降低石油供应风险。

第三节　海外油气投资国家风险管理的宏观政策建议

一、加强国家风险管理立法和政策支持

我国海外投资活动尽管开展得较晚，但其发展却极为迅速。然而，目前我国在海外投资的管理上，不论从范围、政策、管理手段，还是从具体内容来看，都远远落后于形势的发展，特别是我国初步建立的海外投资保险制度，相应的国家风险法律体系的演变历程如下。

1979 年中国人民保险公司制定的《投资保险（政治风险）条款》对中国企业对外投资的国家风险没有专门规定，中国境外投资政治险零散见于其他险种，如飞机保险中的战争险等。

1995 年实施的《中华人民共和国保险法》对境外投资国家风险没有表述。

1985 年中国人民保险公司试办出口信用保险，揭开中国出口信用保险序幕。

1994 年中国进出口银行成立，同时开办政策性出口信用保险业务。中国进出口银行还承保境外投资项目、境外加工贸易项目、带资承包的海外承包工程交钥匙等项目由政治原因造成的损失。

1996 年中国人民保险公司代表中国参加国际海外投资和出口信用保险人联盟（伯尔尼协会），并于 1998 年成为该组织正式会员。

1998 年中国人民保险公司财产保险有限公司出口信用险部受国务院委托开办了海外投资（政治险）保险。

2001 年中国出口信用保险公司成立，中国人民保险公司和中国进出口银行办理的出口信用保险业务全部移交给该公司，并停止办理政策性出口信用保险业务。

2003 年中国出口信用保险公司推出海外投资保险，主要承保征收和国有化、汇兑限制、战争和政治性暴力事件及投资所在政府违约等国家风险。

2004 年商务部建立了中国企业海外投资的国别投资经营障碍报告制度，作为商务部制定并发布年度《国别贸易投资环境报告》的基础材料之一。

2005 年 1 月，国家发展和改革委员会和中国出口信用保险公司联合发出《关于建立境外投资重点项目风险保障机制有关问题的通知》，鼓励和支持有比较优势的各种所有制企业开展对外投资，规避投资设计的相关风险，并由中国出口信用保险公司向国家鼓励的境外投资重点项目提供投资咨询、风险评估、风险控制及投资保险等境外投资风险保障服务。

（一）加快海外投资法律法规体系创新

我国应该在现有的法律体系下，加紧制定符合国家长远发展战略和国际惯例的科学、合理的对外投资法规体系，如《中国对外投资法》《对外投资审查法》《对外投资企业所得税法》《对外投资银行法》《对外投资外汇管理法》《境外国有资产管理法》和《对外投资保险法》等调节各个环节的法律。

（二）完善油气海外投资的财税扶植政策支持

建议国家对企业在海外的油气投资活动予以税收政策优惠，开展包括《石油法》《海外投资法》在内的有关石油和天然气资源开发的各种立法和修订工作，尽快和与中国有项目合作的国家签订《避免双重税收协议》等。

（三）设立中国企业海外油气投资项目基金

针对中国企业海外石油直接投资项目设立投资基金，降低我国海外投资的贷款门槛，考虑建立国家对外投资发展基金，设立境外投资信用保险、融资担保基金和海外资源勘探风险基金等，如国家开发银行的中非发展基金。通过基金的增值保值运作，降低国家和企业的成本。另外国家可以考虑适当扩大援外贷款的投放规模、力度，设立石油援外专项基金，用以支持海外石油勘探开发项目。援外货款虽然规模小，但由于其特殊的政治意义，对开展实质性工作具有重要作用。我国油气企业可以借此契机获得好的启动项目，降低项目风险和国家风险。

（四）建立海外投资保证制度

建立海外投资保证制度规避油气资源海外投资国家风险，改变目前海外投资保险对承保对象、条件、范围的许多限制，在保持目前所开设的禁止汇兑险、征用或没收险、战争与内乱险等少数险种之外，将资本不能自由转移险、政府违约险、拖欠或拒付险、恐怖主义险等纳入海外投资保险和国家风险条款范围。

二、完善双边、区域和多边投资保护机制

我国单方面采取的对海外投资鼓励优惠措施和投资风险防范对策，只具有相对效力，而改善投资环境、防范国家风险的主要方面则依靠资本输入国。海外投资者总是担心资本输入国的政策发生变化或政局更迭时会修改原有的法律，使其投资受

到威胁，发生重大的投资风险。因此，要想彻底解除海外投资者的顾虑，同各国发展经济技术合作，为投资者减少投资风险，切实保障跨国企业的利益，应争取尽可能多的与各投资接受国政府签订关于相互鼓励和保护投资的双边条约。

（一）双边合作

在双边承诺方面，我国自 1982 年和瑞典签署第一个《双边投资保护协议》以来，迄今为止已与世界上 102 个国家签署了《双边投资保护协议》，与我国签有《避免双重征税协议》的国家和地区也达 77 个。目前，我国已经签署的油气合作多边双边协议见表 11-7，但这与我国目前海外投资已达 130 多个国家和地区相比仍然不够。

表 11-7　中国油气合作多边双边协议

地区	国家	协议名称	签署日期
非洲地区	埃及	《中华人民共和国国家发展和改革委员会与埃及共和国石油部关于加强石油天然气领域合作的框架协议》	2006 年 6 月 17 日
	安哥拉	《中华人民共和国政府和安哥拉共和国政府能源、矿产资源和基础设施领域合作协定》	2006 年 6 月
	刚果（布）	《中华人民共和国国家发展和改革委员会与刚果共和国石油和天然气部关于在石油领域开展全面合作的协议》	2005 年 2 月 24 日
独联体地区	哈萨克斯坦	《中华人民共和国政府和哈萨克斯坦政府关于在石油天然气领域合作的协议》	1997 年 9 月 24 日
		《中华人民共和国政府与哈萨克斯坦共和国政府关于在油气领域开展全面合作的框架协议》	2004 年 5 月 17 日
	吉尔吉斯斯坦	《中华人民共和国政府和吉尔吉斯斯坦共和国政府关于在能源领域开展合作的框架协定》	2002 年 6 月 24 日
	塔吉克斯坦	《中华人民共和国政府和塔吉克斯坦共和国政府关于能源领域合作的框架协定》	2002 年 5 月 17 日
	土库曼斯坦	《中华人民共和国政府和土库曼斯坦共和国政府关于实施中土天然气管道项目和土库曼斯坦向中国出售天然气的总协议》	2006 年 4 月 3 日
	乌兹别克斯坦	《中华人民共和国国家发展和改革委员会和乌兹别克斯坦共和国经济合作协议》	2005 年 5 月 25 日

地区	国家	协议名称	签署日期
北美地区	美国	《国家发展改革委员会和美国贸易发展署关于中美天然气培训项目的谅解备忘录》	2006 年 5 月 24 日
	墨西哥	《中华人民共和国国家发展和改革委员会和墨西哥合众国能源部关于能源领域合作的谅解备忘录》	2006 年 5 月 19 日
中东地区	科威特	《中华人民共和国政府与科威特政府关于在油气领域开发合作的框架协议》	2004 年 7 月 6 日
	沙特阿拉伯	《中华人民共和国政府和沙特阿拉伯王国政府关于石油、天然气、矿产领域开展合作的议定书》	2006 年 1 月 23 日
	也门	《中华人民共和国政府与也门共和国政府关于经济技术合作协议》	2002 年 12 月 26 日
	伊拉克	《中华人民共和国国家发展和改革委员会与伊拉克临时政府石油部会谈备忘录》	2004 年 12 月 2 日
	伊朗	《中华人民共和国政府与伊朗伊斯兰共和国政府在石油领域开展合作的框架协定》	2002 年 4 月 20 日
		《中华人民共和国国家发展和改革委员会与伊朗伊斯兰共和国石油部合作谅解备忘录》	2004 年 10 月 29 日
南美地区	巴西	《中华人民共和国国家发展和改革委员会与巴西联邦共和国能源矿产部关于成立中国－巴西高层协调与合作委员会能源矿产分委会的谅解备忘录》	2006 年 6 月 5 日
	厄瓜多尔	《中华人民共和国国家发展和改革委员会与厄瓜多尔共和国能源矿产部关于在石油领域开展合作框架协议》	2003 年 8 月 26 日
	委内瑞拉	《中华人民共和国国家计划发展委员会与委内瑞拉玻利瓦尔共和国能源和矿产部能源十年（2001—2011 年）合作谅解备忘录》	2001 年 5 月 24 日
亚太地区	巴基斯坦	《中华人民共和国国家发展和改革委员会和巴基斯坦伊斯兰共和国世友和自然资源部关于能源领域合作框架协议》	2006 年 2 月 20 日
	菲律宾	中国海洋石油总公司和越南油气总公司和菲律宾国家石油公司签订《南中国海协议区三方联合海洋地震工作协议》	2005 年 3 月 14 日
	缅甸	《中华人民共和国国家发展和改革委员会与缅甸联邦能源部关于加强能源领域合作的框架协议》	2005 年 7 月 4 日

续表

地区	国家	协议名称	签署日期
亚太地区	印度	《中华人民共和国国家发展和改革委员会与印度共和国石油天然气部关于加强能源领域合作的谅解备忘录》	2006 年 1 月 12 日
	越南	中国海洋石油总公司和越南油气总公司和菲律宾国家石油公司签订《南中国海协议区三方联合海洋地震工作协议》	2005 年 3 月 14 日
		中国海洋石油总公司与越南油气总公司签订《北部湾协议区油气框架协议》	2005 年 10 月 31 日

资料来源：《世界油气投资环境指南（上册）》，国家发展和改革委员会能源局、中国石油集团经济技术研究院编写

我国应积极加强与石油资源国的友好关系，发展与中东、非洲、中亚和俄罗斯等国家和地区的国际间合作，建立和完善双边、多边和地区间的能源经济合作关系。建议国家统筹制定国家石油安全战略和能源外交政策，加强与主要石油生产国和消费国的能源交流和对话，创造有利于境外油气投资和国际原油贸易的大环境。

（二）区域与多边合作

区域性承诺方面，我国虽然从 20 世纪 90 年代开始积极参与区域经济一体化进程，除亚太经济合作组织外，目前已经开始正式谈判或者正在进行前期调查的自由贸易区包括中国—东盟自由贸易区、中日韩自由贸易区、中国—新西兰自由贸易区、中国—澳大利亚自由贸易区等。我国应继续积极参加区域经济合作，在推进东北亚能源合作大框架能源问题进程中积极合作，维护中国利益。

在多边承诺方面，主要反映在世界贸易组织（WTO）框架下的承诺。充分利用中国在 WTO 中的权利，加强多双边经贸磋商，减少和排除境外油气贸易投资壁垒。避免歧视性待遇，充分利用已建立的多双边关系，如上海合作组织投资与发展论坛，中美、中俄、中哈、中印尼、中伊朗、中委等能源合作机制，进一步深化相互关系，积极实施能源多元化战略。

三、拓展为投资者提供信息咨询服务的渠道

中国企业走出国门后，对海外投资市场、国际竞争环境及投资所在国法律法规不甚了解，市场信息不对称的问题增加了企业进入海外市场的成本，增加了企业海外投资的风险，因此，我国急需拓展为投资者提供信息咨询服务的渠道。

（一）发挥境外投资促进机构信息网络优势

进一步发挥境外投资促进机构（如中国产业海外发展和规划协会）信息网络

的优势，利用商务部、国家发展和改革委员会等境外投资管理部门掌握的大量信息资源，为企业提供国外政治、经济、法律、社会风俗、市场、产品和行业等方面的信息，减少企业在海外投资和生产经营时所遭遇的国家风险。

（二）构建境外投资中介服务网络

构建完善的境外投资中介服务网络，可以考虑在政府的指导、支持下，充分发挥法律事务所、会计师事务所等中介机构的作用，加强与国外中介组织的合作，建立市场化的境外投资中介服务部门，为企业提供国外市场信息、法律、财务、认证等服务咨询服务和必要的技术帮助，并逐步发展为境外企业的风险诊断机构。

（三）建立国内外信息传输—交换—反馈机制

建立国内外信息传输—交换—反馈机制，各地商务部门和国外的使领馆应发挥外交资源优势强化服务，为企业国际化经营创造条件。通过有效地利用外交资源的信息优势、政策导向优势、公关优势、政府保护优势、信誉优势及协调优势，为国内企业架设对外联系的桥梁，帮助企业降低成本，从总体上降低企业海外投资的风险。

（四）拓展稳定的可利用项目信息的有效渠道

拓展稳定的可利用项目信息及投资环境的有效渠道，收集汇总国外专业组织机构（如联合国工业发展组织、世界能源署）发布的出版物、数据库和大量专题性、区域性、行业性、技术性专题研究报告，更好地帮助中国企业在开展油气投资合作中把握投资机遇、规避投资风险。

四、构建国家风险预警机制与风险情报网络

（一）构建防范国家风险的预警机制

构建防范国家风险的预警机制可以帮助我国油气企业在一定程度上规避国家风险，其基础主要是采取预警系统评估法。该方法是根据各方积累的历史资料，对其中易诱发或者激化油气资源国国家风险的许多因素加以量化，测定风险程度，包括分析总体性风险的因素，以及对公司或具体项目计划特有的国家风险因素。

（二）建立国家风险情报网络

全面收集和分析中国利用境外油气资源国家和地区的政治、经济、外交、军事、文化等情况，跟踪油气市场变化，对油气生产和消费等重大事件进行深入追踪，建立简报制度，定期和不定期召集形势分析会和发表对外政策白皮书，及时向国务院提出报告和建议。

（三）设立信息收集处理中心

国家主管部门设立信息收集处理中心，及时掌握并向各企业反馈情况，加快内部信息沟通，减少各企业重复性前期工作投入，为建设企业间联络对话机制打下良好基础。对主要油气生产和消费国政策进行系统研究，并从中长期发展对世界经济、政治、油气生产和消费等问题提出分析，以提高对短期突发事件引发风险的处理能力。

（四）避免信息来源单一化

充分发挥专家学者、媒体、中介机构和信息公司的作用，为国家风险信息提供补充来源。我国油气企业不能过分依赖单一来源，而要将当地人员提供的信息与咨询公司等提供的外部资源进行比较，保证信息的客观性与正确性，以便统筹决策。

第四节　中国油气企业海外投资国家风险管理的微观策略建议

一、目标定位策略

（一）打资源战略牌

我国油气企业已初具规模，但是国家化程度较低，从目前的实际情况看，应通过持续利用境外油气资源活动做强做大。在海外投资的发展目标上，应定位在稳固重要资源的供应，在海外建立基地和立足点，逐步扩大地区性全球战略布局，为将来更大规模地收购海外石油和天然气资源奠定基础；不断提高我国油气企业的国际综合竞争能力，努力占领全球油气资源海外投资的行业制高点；不断提高企业风险防范能力，面对 21 世纪国际经济环境的变幻及其动荡特点，制定出相应的国家风险管理战略。

（二）强调核心竞争力

要建设具有较强竞争力的世界级大型跨国能源企业，打造石油企业航空母舰，中国四大石油公司应成为利用境外油气资源的主力军；利用境外油气资源应严格按照油气市场规律办事，不断提高获取境外油气资源的竞争力；加强国际化经营，加快从国内企业向国际石油跨国公司的转变；从事境外油气资源利用的企业，打破部门界限，服从国家整体利益，做到国家利益和企业利益的有机统一和结合。

（三）注重执行力的培育和获取

油气企业应根据自己资源和能力的配置进行扩张，在地域和进入方式上以"渐进式"为好。同时通过内部培养、外部招聘和实施海外机构人员本地化战略形成国际化的经营团队。

二、风险控制策略

(一) 提高风险防范能力

我国油气企业走出去的模式一般是以政府主导的国有企业为主，投资额较大，其挑战是如何加强可行性研究，提高抗风险能力。在油气资源海外投资中不应仅仅着眼于单独的项目风险管理，而应该着眼于全球整体性的风险防范；不应仅仅着眼于消极被动的风险规避，而应该着眼于未来的市场机遇和海外投资的可持续发展。

(二) 组建企业境外油气投资协同小组

参考国际大型油气跨国企业内部作业搜集行业信息和风险情报的经验，我国油气企业可以指派本地或部门内的职员完成搜集信息任务，并传递至总部进行评估。中石油、中石化、中海油和中化等企业可以组成境外石油投资协同小组。协调小组负责定期或不定期的信息报告和沟通，在逐步完善协调小组组织建设的基础上，探讨设立专项协会、企业间联络对话机制等其他形式，形成综合的境外油气投资信息协调管理制度。

(三) 注重对油气资源国法律保护方面的考察

注重对油气资源国法律保护方面的考察，考察内容包括：东道国国内法，即外资立法中关于国家风险尤其是国有化风险的保证状况；东道国与中国是否签订双边投资保护协定；东道国是否参加多边投资担保机构公约，是否承担公约所要求履行的国际法义务及保证责任。通过对上述情况的考察，油气企业可以尽量将国家风险控制在最小的范围内，并尽可能防患于未然。

三、区位选择策略

(一) 利用地缘优势与外交资源优势，做好境外油气资源利用的战略规划

从地域方向上讲，为了提高"走出去"的成功率，企业应优先选择与中国政治关系好、经济合作意愿强、市场环境相对完善、与我国有较强经济互补的国家和地区，尤其是周边国家和地区，先行"走出去"。例如，周边油气资源丰富的国家和地区应成为中国对外投资的重要目标市场。

在境外油气开发项目中，重点投资地区的确定应根据拟定的国家利用境外油气资源的战略规划，本着国内外一盘棋、上下游一体化的原则，集中力量对境外油气资源开发统一部署。

(二) 支持企业在某些政治和外交敏感地区的投资，注重资源禀赋与发展潜力

目前，全球主要油气市场已大多被美国等发达国家瓜分，中东、非洲一些受

美国制裁的国家，油气资源潜力还比较大。建议国家研究一些敏感地区的政治和外交政策，指导、支持中国企业在这些地区开展区位选择工作。

区位选择要建立在对东道国的环境考察上。东道国的环境直接影响跨国公司投资后的经营状况及其今后的发展；主要包括东道国的自然环境、社会文化环境、政治法律环境、经济市场环境等。我国油气企业的海外投资地区应侧重选择油气资源丰厚、石油的分布及其蕴藏量有发展潜力的地区。

（三）侧重分析政治法律风险，全面衡量重要风险因素

大型油气资源海外投资在分析国家风险时，应侧重分析未来国有化征用的可能性。东道国对跨国企业国有化的法律依据及补偿标准的确定，关系到跨国公司的投资安全。近年来世界各地发生的许多征收案已得到国际社会的基本认可。不少仲裁案的裁决认定了国有化的合法性，并否定了西方要求东道国给予全部补偿的提议。然而，即使收回企业的主权得到尊重，关于对跨国企业母公司补偿的一系列法律问题依然相当复杂。

我国跨国公司在海外的地区选择，除了考虑上述基本因素外，还必须考虑其他一些重要风险因素，如东道国的基本经济制度、城市化程度、基本设施状况、增长趋势和国际收支等。

四、合作模式策略

（一）海外油气投资应以保证油气资源供给为首要目标

资源性投资的中心目的是保证中国未来能以合理价格得到充分的资源，因此除海外控股、持股等投资选择，以"份额油"或者"份额资源"的债务形式投入也为海外油气投资提供了更多的选择。这样，中国的资本和技术投入以未来得到份额资源的形式得到回报，其实质是"固定收益债务"，把那些海外资源企业的股权留给当地民间或者政府，这反而可让中国企业回避财产风险，而且因为以资源份额确定的固定收益使契约执行特别容易监督，因此契约风险引起的国家风险也相对较小。

（二）投资方式的选择在不同的地区应有所侧重

中东国家关注的是资源安全，中国的市场资源有助于在中东国家获得勘探开发项目，与之形成市场与资源的交换关系。俄罗斯和中亚国家关注的首先是通道安全，中国油气战略基础设施建设和市场潜力对其极具吸引力。俄罗斯工业基础雄厚，尤其是军工技术先进，具有资本和产品输出的强烈愿望，中国可通过大型油气管道建设和其他大型建设项目、大型采购项目与之构筑经贸与资源的交换关系。非洲国家关注的是振兴本国石油工业的资金安全，中国可以与之形成投资与资源的交换关系。

（三）东道国的市场、环境、生产因素影响企业风险管理策略

东道国的市场因素、环境因素、生产因素等都影响着跨国公司政治风险管理的策略选择。拉丁美洲、非洲、中东、东欧和独联体等地的油气资源国政治、经济形势较为动荡，从国家风险防范的角度考虑，合资尤其是合作经营方式较为合适，可以降低直接投资的风险和成本，增加投资收益。对澳大利亚等发达国家市场的投资，通过多种国际融资和跨国联盟的方式，可分散风险，获取高新技术、先进管理经验、资金及国际市场份额。

（四）实施进入方式多样化策略

应以贸易促合作，利用国内石油公司与世界主要油气资源国、跨国石油公司良好的合作关系，为进入油气资源国和开展与国际跨国石油公司的合作牵线搭桥。应以市场换资源，积极推动中东油气资源国带资源来中国设立大型炼油项目。应鼓励中国石油公司参股引进 LNG 的上游资源开发。利用境外油气资源，应坚持互惠、互利原则，要针对不同情况，采取不同方式，与目标地区和国家形成互补交换关系。

（五）结合企业风险承受能力选择有针对性的投资方式

我国跨国经营企业在海外投资方式的选择上，应充分考虑企业自身的投资能力和风险承受能力，结合投资区域的特点、投资项目的特点及各种投资方式本身的利弊加以确定。中国油气企业在资产总额、年销售收入、可实现利润方面正在不断提高，但是海外投资仍处于初期发展阶段。因此，股权式合资和非股权式合作应该成为今后相当长一段时期内的进入国际市场的主要方式。尤其是在特定区位中，灵活地采用契约、合资、合作、联营等非股权安排，对于进入国际市场后的风险防范行之有效。此外，应积极参与一些国外大型跨国公司以共同开发研究、互相渗透参股等方式结成的国际性战略联盟，或有选择地参加一些可实现优势互补的跨国公司联盟，使我国油气企业能在更高层次上增强风险防范的实力。

（六）适应环境修改投资模式

修正和更改公司制定的政策以反映东道国的政策改变，就是一种具有适应力的表现。从事跨国经营企业需要有意愿及能力对不同的法律、政治、社会及经济环境做出快速反应。有时候，这些修正在某些方面非公司所愿，但是为了减少国外投资的风险，却是必要的，与东道国油气公司合资就是个重要的例子。

第五节　本　章　小　结

本章的重点在于国家风险的管理和防范策略。第一节延续前面对油气地区的划分分别针对不同的地区讨论国家风险的具体防范。第二节针对我国油气贸易与投资提出两项具体建议：①在开展石油进口多元化的同时，加强对资源输出国国

家风险的管理评估；②综合考虑油气贸易与投资的多方面风险，优化战略布局。第三节主要对海外油气投资国家风险管理提出四大宏观政策建议，分别是：①加强国家风险管理立法和政策支持；②完善双边、区域和多边投资保护机制；③拓展为投资者提供信息咨询服务的渠道；④构建国家风险预警机制与风险情报网络。第四节分别从目标定位、风险控制、区位选择和合作模式四大方面为中国油气企业海外投资风险管理提出微观策略建议。

参 考 文 献

常城，李慧. 2008. 中国石油企业跨国经营的政治风险及规避策略. 中国石油大学学报（社会科学版），124（2）：5-9.

邓聚龙. 2002. 灰预测和灰决策. 武汉：华中科技大学出版社.

何琬，孙晓蕾，李建平. 2009a. 中国原油进口贸易波动研究. 国际经济合作，9：28-31.

何琬，孙晓蕾，李建平. 2009b. 基于企业海外投资角度的主要产油国国家风险评估建模. 数据分析，4（6）：81-92

克劳 A. 2004. 石油经济与政策. 王国操，潘国潮，王征，等译. 北京：石油工业出版社.

李福胜. 2006. 国家风险：分析、评估、监控. 北京：社会科学文献出版社.

李建平，何琬，孙晓蕾. 2010. 中国主要石油进口来源国国家风险预测模型与应用. 数学的实践与认识，40（7）：53-62.

李岩，田泽. 2007. 中国石油企业跨国经营若干风险及对策分析. 石油化工技术经济，23（3）：4-7.

刘发全，职承杰. 2005. 灰色预测 GM（1，1）模型的一点改进. 数学的实践与认识，35（11）：11-15.

刘毅，申洪. 2002. 中国金融市场的度量分析. 财经研究，28（9）：39-46.

马宏. 1998. 国家生命线：中外国家石油安全战略比较与启示. 中国软科学，12：30-36.

秦治来. 2009. 奥巴马的新能源政策及其对中美关系的影响. 中国党政干部论坛，4：53-55.

史凌涛. 2004. 非洲地区石油工业投资环境. 国际石油经济，10：30-35.

舒先林. 2005. 中国石油企业海外投资风险及其规避. 企业经济，6：103-104.

汤铃，李建平，孙晓蕾，等. 2012. 基于模态分解的国家风险多尺度特征分析. 管理评论，24（8），3-10.

童生，成金华. 2005. 中国石油公司跨国经营的政治风险分析. 世界经济与政治论坛，1：90-95.

王琛. 2008. 国家风险评价指标体系对比研究. 经济与管理研究，6：51-55.

王琛. 2009. 海外油气投资视角下的国家风险及其管理研究. 中国人民大学博士学位论文.

王泽文，张文，邱淑芳. 2009. 灰色-马尔柯夫的改进及其参数计算方法. 数学的实践与认识，39（1）：125-131.

王志刚. 2009. 中国股票市场技术分析有效性研究. 电子科技大学博士学位论文.

吴刚. 2006. 石油安全的若干管理科学模型及其应用研究. 中国科学技术大学博士学位论文.

吴寄南. 2008. 他山之石：日本石油高进口的避险之策. http://new.xinhuanet.com/fortune/2008-03/02/content_7699736.htm［2008-03-02］.

徐海丰. 2009. 世界石油贸易状况与发展前景. 国际石油经济，8：41-44.

张利宾，史晓宁，崔乃刚. 2011. 基于 NSGA-II 算法的上面级转移轨道中途修正时机优化. 控制与决策，26（9）：1382-1385.

中国出口信用保险公司. 2005～2008. 国家风险分析报告. 北京：中国金融出版社.

中国银行业监督管理委员会 . 2007. 有效银行监管核心原则及核心原则评估方法——银行监督的国际标准 . 上海：复旦大学出版社 .

周凤起 . 2005. 对中国石油供应安全的再思考 . 国际石油经济，1：34-38.

Alfaro L，Kanczuk F. 2005. Sovereign debt as a contingent claim：a quantitative approach. Journal of International Economics，65（2）：297-314.

Allayannis G，Weston J P. 2001. The use of foreign currency derivatives and firm market value. Review of financial studies，14（1）：243-276.

Altman E I，Saunders A. 1997. Credit risk measurement：developments over the last 20 years. Journal of Banking & Finance，21（11）：1721-1742.

Aylward L，Thorne R. 1998. Countries' repayment performance Vis-à-Vis the IMF：an empirical analysis. Staff Papers-International Monetary Fund，45：595-618.

Baek I M，Bandopadhyaya A，Du C. 2005. Determinants of market-assessed sovereign risk：economic fundamentals or market risk appetite? Journal of International Money and Finance，24（4）：533-548.

Balkan E M. 1992. Political instability，country risk and probability of default. Applied Economics，24（9）：999-1008.

Barro R J. 1991. Economic growth in a cross section of countries. The Quarterly Journal of Economics，106（2）：407-443.

Bayulgen O. 2005. Foreign investment，oil curse，and democratization：a comparison of Azerbaijan and Russia. Business and Politics，7（1）：1099-1099.

Bergner D J. 1982. Political risk analysis：an asset now，soon a "must". Public Relations Quarterly，4（2）：28-31.

Bollerslev T. 1988. On the correlation structure for the generalized autoregressive conditional heteroskedastic process. Journal of Time Series Analysis，9（2）：121-131.

Bos T，Newbold P. 1984. An empirical investigation of the possibility of stochastic systematic risk in the market model. Journal of Business，57：35-41.

Bouchet M H，Clark E，Groslambert B. 2003. Country Risk Assessment：A Guide to Global Investment Strategy. New York：John Wiley & Sons.

Box G E P，Jenkins G M. 1970. Time Series Analysis，Forecasting and Control. San Francisco：Holden-Day.

Brewer T L，Rivoli P. 1990. Politics and perceived country creditworthiness in international banking. Journal of Money，Credit and Banking，22（3）：357-369.

Broadman H G，Sun X. 1997. The distribution of foreign direct investment in China. The World Economy，20（3）：339-361.

Brooks R D，Faff R W，McKenzie M. 2002. Time varying country risk：an assessment of alternative modelling techniques. The European Journal of Finance，8（3）：249-274.

Busse M，Hefeker C. 2007. Political risk，institutions and foreign direct investment. European Journal of Political Economy，23（2）：397-415.

Butler K C，Joaquin D C. 1998. A note on political risk and the required return on foreign direct investment. Journal of International Business Studies，29 （3）：599-607.

Calverley J. 1985. Country Risk Analysis. London：Butterworths.

Cantor R，Packer F. 1996. Determinants and impact of sovereign credit ratings. The Journal of Fixed Income，6 （3）：76-91.

Caves R E. 1996. Multinational Enterprise and Economic Analysis. Cambrideg：Cambridge University Press.

Chang C，Lin C. 2001. LIBSVM：a library for support vector machines. http：//www. csie. ntu. edu. tw/~cjlin/libsvm ［2011-12-05］.

Chen N，Lu W，Yang J，et al. 2004. Support Vector Machine in Chemistry. Singapore：World Scientific Publishing.

Claessens S，Embrechts G. 2002. Basel II，sovereign ratings and transfer risk：external versus internal ratings. Basel II：An Economic Assessment，Bank for International Settlements，Basel，Switzerland.

Cline W. 1983. A Logit model of debt rescheduling，1967-1982. Institute for International Economics，Working Paper.

Cooper J C B. 1999. Artificial neural networks versus multivariate statistics：an application from economics. Journal of Applied Statistics，26 （8）：909-921.

Correlje A，van der Linde C. 2006. Energy supply security and geopolitics：a European perspective. Energy Policy，34 （5）：532-543.

Cosset J C，Roy J. 1991. The determinants of country risk ratings. Journal of International Business Studies，22 （1）：135-142.

Costantini V，Gracceva F，Markandya A，et al. 2007. Security of energy supply：comparing scenarios from a European perspective. Energy Policy，35 （1）：210-226.

Cuadra G，Sapriza H. 2008. Sovereign default，interest rates and political uncertainty in emerging markets. Journal of International Economics，76 （1）：78-88.

Deng J L. 1982. Control problems of grey systems. Systems & Control Letters，1 （5）：288-294.

Diebold F X，Mariano R S. 1995. Comparing predictive accuracy. Journal of Business & Economic Statistics，13：253-263.

Doumpos M，Pentaraki K，Zopounidis C，et al. 2001. Assessing country risk using a multi-group discrimination method：a comparative analysis. Managerial Finance，27 （8）：16-34.

Duda R O，Hart P E，Stork D G. 2000. Pattern Classification. 2nd ed. New York：John Wiley & Sons.

Eaton J，Gersovitz M. 1981. Debt with potential repudiation：theoretical and empirical analysis. The Review of Economic Studies，48 （2）：289-309.

Edwards S. 1984 LDC foreign borrowing and default risk：an empirical investigation，1976-1980. The American Economic Review，74 （4），726-734.

Egger P，Winner H. 2005. Evidence on corruption as an incentive for foreign direct investment. European Journal of Political Economy，21 （4）：932-952.

Erb C B，Harvey C R，Viskanta T E. 1996. Political risk，economic risk，and financial risk. Financial Analysts Journal, 52 (1): 29-46.

Erickson M, Mayer A, Horn J. 2001. The niched pareto genetic algorithm 2 applied to the design of groundwater remediation systems//Ehrgott M, Fonseca C, Andibleux X G, et al. Evolutionary Multi-Criterion Optimization. Berlin, Heidelberg: Springer-Verlag: 681-695.

Erkut E, Bozkaya B. 1999. Analysis of aggregation errors for the p-median problem. Computers & Operations Research, 26 (10): 1075-1096.

Fabozzi F J, Francis J C. 1978. Beta as a random coefficient. Journal of Financial and Quantitative Analysis, 13 (1): 101-116.

Fatehi K, Hossein S M. 1994. The effect of sociopolitical instability on the flow of different types of foreign direct investment. Journal of Business Research, 31 (1): 65-73.

Feder G, Just R. 1977. A study of debt servicing capacity applying logit analysis. Journal of Development Economics, 4 (1): 25-38.

Feder G, Just R, Ross K. 1981. Projecting debt servicing capacity of developing countries. Journal of Financial and Quantitative Analysis, 16 (05): 651-669.

Feder G, Uy L V. 1985. The determinants of international creditworthiness and their policy implications. Journal of Policy Modeling, 7 (1): 133-156.

Ferbar L, Creslovnik D, Mojskerc B, et al. 2009. Demand forecasting methods in a supply chain: smoothing and denoising. International Journal of Production Economics, 118 (1): 49-54.

Frank Jr C R, Cline W R. 1971. Measurement of debt servicing capacity: an application of discriminant analysis. Journal of International Economics, 1 (3): 327-344.

Frondel M, Ritter N, Schmidt C M. 2009. Measuring energy supply risks: a G7 ranking. Ruhreconomic Papers.

Gangemi M A M, Brooks R D, Faff R W. 2000. Modeling Australia's country risk: a country beta approach. Journal of Economics and Business, 52 (3): 259-276.

Géczy C, Minton B A, Schrand C. 1997. Why firms use currency derivatives. The Journal of Finance, 52 (4): 1323-1354.

Gnansounou E. 2008. Assessing the energy vulnerability: case of industrialized countries. Energy Policy, 36: 3734-3744.

Goldberg E S, Haendel D. 1987. On Edge: International Banking and Country Risk. New York: Praeger.

Gupta E. 2008. Oil vulnerability index of oil-importing countries. Energy policy, 36 (3): 1195-1211.

Gür T H. 2001. Acountry risk assessment model and the Asian crisis. Central Bank Review, 1 (1):49-68.

Habib M, Zurawicki L. 2001. Country-level investments and the effect of corruption: some empirical evidence. International Business Review, 10 (6): 687-700.

Hammer P L, Kogan A, Lejeune M A. 2006. Modeling country risk ratings using partial orders. European Journal of Operational Research, 175 (2): 836-859.

Haque N U, Mathieson D, Mark N. 1996. The economic content of indicators of developing country creditworthiness. International Monetary Fund Working Paper, 43 (4): 688-724.

Haque N U, Mathieson D, Mark N. 1997. Rating the raters of country creditworthiness. Finance & Development, 34 (1): 10-13.

Harvey M G. 1993. A survey of corporate programs for managing terrorist threats. Journal of International Business Studies, 24 (3): 465-478.

Hassan M K, Maroney N C, El-Sady H M, et al. 2003. Country risk and stock market volatility, predictability, and diversification in the Middle East and Africa. Economic Systems, 27 (1): 63-82.

Hastie T, Tibshirani R, Friedman J. 2005. The elements of statistical learning: data mining, inference and prediction. The Mathematical Intelligencer, 27 (2): 83-85.

Haykin S. 1994. Neural Networks: A Comprehensive Foundation. Englewood Cliffs: Prentice Hall PTR.

He W, Sun X, Tang L, et al. 2009. Modeling on oil-importing risk under risk correlation. 2009 International Joint Conference on Computational Sciences and Optimization, Part 2.

Henisz W J. 2000. The institutional environment for multinational investment. Journal of Law, Economics, and Organization, 16 (2): 334-364.

Hirschberg S, Burgherr P, Spiekerman G, et al. 2004. Severe accidents in the energy sector: comparative perspective. Journal of Hazardous Materials, 111 (1): 57-65.

Hornik K, Stinchcombe M, White H. 1989. Multilayer feedforward networks are universal approximators. Neural Networks, 2: 359-366.

Hoti S. 2005. Modelling country spillover effects in country risk ratings. Emerging Markets Review, 6 (4): 324-345.

Hoti S, McAleer M, Shareef R. 2007. Modelling international tourism and country risk spillovers for Cyprus and Malta. Tourism Management, 28 (6): 1472-1484.

Howell L D. 2001. The Handbook of Country and Political Risk Analysis. 3rd ed. New York: The PRS Group.

Hsu Y T, Liu M C, Yeh J, et al. 2009. Forecasting the turning time of stock market based on Markov-Fourier grey model. Expert Systems with Applications, 36 (4): 8597-8603.

Huang N E, Shen Z, Long S R. 1999. A new view of nonlinear water waves: the Hilbert Spectrum 1. Annual Review of Fluid Mechanics, 31 (1): 417-457.

Huang N E, Shen Z, Long S R, et al. 1998. The empirical mode decomposition and the Hilbert spectrum for nonlinear and non-stationary time series analysis. Royal Society of London, 454: 903-995.

Inclan C, Tiao G C. 1994. Use of cumulative sums of squares for retrospective detection of changes of variance. Journal of the American Statistical Association, 89 (427): 913-923.

Jensen N M. 2003. Democratic governance and multinational corporations: political regimes and inflows of foreign direct investment. International Organization, 57 (3): 587-616.

Johansson A C. 2010. Asian sovereign debt and country risk. Pacific-Basin Finance Journal,

18 (4):335-350.

Johnson R A, Srinivasan V, Bolster P J. 1990. Sovereign debt ratings: a judgmental model based on the analytic hierarchy process. Journal of International Business Studies, 21 (1): 95-117.

Ju-Long D. 1982. Control problems of grey systems. Systems & Control Letters, 1 (5): 288-294.

Juttner J, McCarthy D J. 1998. Modeling Ratings Crisis. Sydney: Macquarie University Press.

Kabir Hassan M, Maroney N C, Monir El-Sady H, et al. 2003. Country risk and stock market volatility, predictability, and diversification in the Middle East and Africa. Economic Systems, 27 (1): 63-82.

Kendell J M. 1998. Measures of oil import dependence. http://www. eia. doe. gov/oiaf/archive/issues98/oimport. html [2012-05-25].

Kharas H. 1984. The long-run creditworthiness of developing countries: theory and practice. The Quarterly Journal of Economics, 99 (3): 415-439.

Kim W C, Hwang P. 1992. Global strategy and multinationals' entry mode choice. Journal of International Business Studies, 23 (1): 29-53.

Kobrin S J. 1980. Foreign enterprise and forced divestment in LDCs. International Organization, 34 (1): 65-88.

Koike M, Mogi G, Albedaiwi W H. 2008. Overseas oil-development policy of resource-poor countries: a case study from Japan. Energy Policy, 36 (5): 1764-1775.

Krayenbuehl T E. 1985. Country Risk: Assessment and Monitoring. Cambridge: Woodhead-Faulkner.

Lee S H. 1993. Relative importance of political instability and economic variables on perceived country creditworthiness. Journal of International Business Studies, 24 (4): 801-812.

Li G, Yamaguchi D, Nagai M. 2007. A GM (1, 1) -markov chain combined model with an application to predict the number of Chinese international airlines. Technological Forecasting and Social Change, 74 (8): 1465-1481.

Li J, Sun X, He W, et al. 2009. Modeling dynamic correlations and spillover effects of country risk: evidence from Russia and Kazakhstan. International Journal of Information Technology & Decision Making, 8 (4): 803-818.

Li J, Tang L, Sun X, et al. 2012. Country risk forecasting for major oil-exporting countries: a decomposition hybrid approach. Computers & Industrial Engineering, 63 (3): 641-651.

Li Q, Racine J S. 2007. Nonparametric Econometrics: Theory and Practice. Princeton: Princeton University Press.

Lin H, Lin C, Weng R. 2007. A note on Platt's probabilistic outputs for support vector machines. Machine Learning, 68 (3): 267-276.

Lu W, Yang J, Li G. 2004. Support Vector Machine in Chemistry. Singapore: World Scientific Publishing.

Marashaden O. 1997. A logit model to predict debt rescheduling by less developed countries. Asian

Economies，26：25-34.

Marshall A，Maulana T，Tang L. 2009. The estimation and determinants of emerging market country risk and the dynamic conditional correlation GARCH model. International Review of Financial Analysis，18（5）：250-259.

Mascarenhas B，Sand O C. 1989. Combination of forecasts in the international context：predicting debt reschedulings. Journal of International Business Studies，20：539-552.

Mayo A L，Barrett A G. 1977. An early warning model for assessing developing country risk// Goodman S J. Financing and Risk in Developing Countries：Proceedings of a Symposium on Developing Countries' Debt. Washington D C：Ex-Im Bank：91-107.

Meldrum D. 2000. Country risk and foreign direct investment. Business Economics，35（1）：33-40.

Miller K D. 1992. A framework for integrated risk management in international business. Journal of International Business Studies，23（2）：311-331.

Miller K D. 1993. Industry and country effects on manager's perceptions of environmental uncertainties. Journal of International Business Studies，24（4）：693-714.

Mina W. 2007. The location determinants of FDI in the GCC countries. Journal of Multinational Financial Management，17（4）：336-348.

Morgan J. 1986. A new look at debt rescheduling indicators and models. Journal of International Business Studies，17（2）：37-54.

Neumann A. 2003. Security of（gas）supply：conceptual issues，contractual arrangements，and the current EU situation. Globalization of Natural Gas Markets Working Papers.

Noori R，Abdoli M A，Ghasrodashti A A，et al. 2009. Prediction of municipal solid waste generation with combination of support vector machine and principal component analysis：a case study of Mashhad. Environmental Progress & Sustainable Energy，28（2）：249-258.

Nordal K B. 2001. Country risk，country risk indices and valuation of FDI：a real options approach. Emerging Markets Review，2（3）：197-217.

Oshiro N，Saruwatari Y. 2005. Quantification of sovereign risk：using the information in equity market prices. Emerging Markets Review，6（4）：346-362.

Platt J. 1999. Probabilistic outputs for support vector machines and comparisons to regularized likelihood methods. Advances in Large Margin Classifiers，10（3）：61-74.

Porter M E，Porter M P. 1998. Location，clusters，and the "new" microeconomics of competition. Business Economics，33（1）：7-13.

Rahnama-Moghadam M，Samavati H，Haber L J. 1991. The determinants of debt rescheduling：the case of Latin America. Southern Economic Journal，58：510-517.

Rua A，Nunes L C. 2009. International comovement of stock market returns：a wavelet analysis. Journal of Empirical Finance，16（4）：632-639.

Sargen N. 1977. Use ofeconomic indicators and country risk appraisal. Economic Review of the Federal Reserve Bank of San Francisco，19-39.

Schneider F，Frey B S. 1985. Economic and political determinants of foreign direct investment. World

Development，13 (2)：161-175.

Sébille-Lopez P. 2006. Les hydrocarbures au Nigeria et al redistribution de la rente pétrolière. Afrique Contemporaine，4：157-181.

Solberg R L. 1992. Country Risk Analysis：A handbook. London and New York：Routledge.

Stirling A. 1999. Risk assessment and precaution：some implications for decision making. Marine Environmental Management Review，6：13-20.

Su S F，Lin C B，Hsu Y T. 2002. A high precision global prediction approach based on local prediction approaches. Systems，Man，and Cybernetics，32 (4)：416-425.

Sun X，He W，Li G，et al. 2009. Identifying the risk-return spectrum of the FSU oil economies. Computational Sciences and Optimization，2：439-442.

Suykens J A K，van Gestel T，de Brabanter J，et al. 2002. Least Squares Support Vector Machines. Singapore：World Scientific Publishing.

Suykens J A K，Vandewalle J. 1999. Least squares support vector machine classifiers . Neural Processing Letters，9 (3)：293-300.

Taffler R J，Abassi B. 1984. Country risk：a model for predicting debt servicing problems in developing countries. Journal of the Royal Statistical Society，147 (4)：541-568.

Takeda H，Farsiu S，Milanfar P. 2007. Kernel regression for image processing and reconstruction. IEEE Transactions on Lmage Processing，16 (2)：349-366.

Timur H G. 2001. A country risk assessment model and the Asian crisis. Central Bank Review，1：49-68

van Gestel T，Baesens B，van Dijcke P，et al. 2006. A process model to develop an internal rating system：sovereign credit ratings. Decision Support Systems，42 (2)：1131-1151.

Vapnik V. 1995. The Nature of Statistical Learning Theory. New York：Springer-Verlag.

Verma R，Soydemir G. 2006. Modeling country risk in Latin America：a country beta approach. Global Finance Journal，17 (2)：192-213.

von Hirschhausen C，Neumann A. 2003. DIW Berlin (German Institute for Economic Research) security of gas supply：conceptual issues. NDES Workshop，Amsterdam.

Wang C，Li J P，Sun X L. 2008. Statistical properties of economic freedom rating in country risk analysis. Advances in Business Intelligence and Financial Engineering，Atlantis，Amsterdam-Paris.

Werner S，Brouthers L E，Brouthers K D. 1996. International risk and perceived environmental uncertainty：the dimensionality and internal consistency of Miller's measure. Journal of International Business Studies，27 (3)：571-587.

White H. 1992. Nonparametric Estimation of Conditional Quantiles Using Neural Networks：Approximation and Learning Theory. Oxford：Blackwell：191-205.

Wu G，Wei Y M，Fan Y，et al. 2007. An empirical analysis of the risk of crude oil imports in China using improved portfolio approach. Energy policy，35 (8)：4190-4199.

Wu T F，Lin C J，Weng R C. 2004. Probability estimates for multi-class classification by pairwise coupling. Journal of Machine Learning Research，5：975-1005.

Wu Z，Huang N E. 2009. Ensemble empirical mode decomposition：a noise-assisted data analysis method. Advances in Adaptive Data Analysis，1（1）：1-41.

Yim J，Mitchell H. 2005. Comparison of country risk models：hybrid neural networks，logit models，discriminant analysis and cluster techniques. Expert Systems with Applications，28（1）：137-148.

Zhang X，Lai K，Wang S. 2008. A new approach for crude oil price analysis based on empirical mode decomposition. Energy Economics，30（3）：905-918.

Zhang Y，Wang P. 2004. The development of a cultivated land forecast system. Geoscience and Remote Sensing Symposium，5：2978-2980.